她

13位
深圳女工的
打工史

她的工廠
不造夢

朱曉玢——著

尖椒部落——統籌

自序
在她們和我們之間尋找連結

朱曉玢

　　2014年我第一次結識女工朋友。我在深圳寶安工業區裡見到了燦梅。她比我小五歲，十八歲即進入工廠工作。當時她很怕生，交流一直打不開局面。我還記得她局促地坐在空蕩蕩的會客室裡，手腳都不知道放在哪兒好。我也有點尷尬，不知道是不是因為自己那些莽撞的問題令她難堪。那時的我對女工也算不上「了解」。

　　在認識她們之前，我腦海裡工廠女工的形象來自影視劇、社會工作者的專著和媒體報導。這些文本和影像所建構的女工人物通常是這樣的：出身貧苦有欲望，在城鄉變革的衝突中出走家鄉，來到經濟特區謀生。她們相較父輩，能夠更自由地掌控自己，也因為機遇與選擇，命運各異。

　　不過至少燦梅並不符合上述刻板印象。她溫和沉默，把生活處理得特別簡單，她沒有激進的欲望，也不會刻意規劃自己三年後、五年後的生活。唯有經受挫折後，內心無比堅強。

　　當我開始為「尖椒部落」撰寫非虛構女工報導，陸續關注到女工再教育、家庭暴力、異地夫妻等等話題，我一邊享受與女工之間的溝通，一邊更新對她們的理解。在公共領域，她們的話語太少，

表達常被邊緣化。而當我聽到的故事越多，我就越難評價她們。在我所完成的報導中，我選擇儘量還原她們的口述，呈現她們最本真的語言。

寫作本書之前，我自己也經歷了從新聞從業者到「996」互聯網員工的轉變。我在互聯網企業工作、加班、輾轉跳槽，也經歷過公司重組或解散。如今我的全職工作和記者毫不相干，但我新的職場經歷反而讓我更加設身處地地體會到企業與工人之間真實的勞資關係。我特別關注企業不遵守勞動法、鼓勵加班文化、狼性競爭、不公平招聘的討論。這些都是勞方每天在面對的真實困境。勞動者以勞動換取收益的同時，還須學會維護對應的勞動者權益。

又或者，大企業弱化個體員工在工作中的不可替代性，讓員工的流動成為再正常不過的事——在這一點上，深圳的電子廠和北上深杭（即北京、上海、深圳、杭州）的互聯網工廠並沒有太大不同。所以當女工對我分享她們頻繁跳槽時，我也從不意外。我和她們越靠近，就發現越來越多的相通處。

2017年，尖椒和我提到寫這本書的計畫時，我在意的是，在記錄女工群體的文字中，我能提供哪些不一樣的視角。我想做的，是把她們長期帶給我的相通與共情，分享給更多的人。

事實上，女工不只和我，透過俯拾皆是的「MADE IN CHINA」標籤，她們和全世界都發生緊密的聯繫。本書中的深圳女工來自電子廠、玩具廠、服裝廠⋯⋯等，她們親手做出的手機、玩具、服飾，頻繁出現在消費者的日常生活裡。商品的背後往往有不為人知

的故事，而人們在享受商品的低價時，卻看不見它背後可能暗含的不公。

有的女工甚至說不出她們曾經親手製作的產品離開工廠後去了哪裡、被冠以什麼品牌。在商業產製的鏈條上，她們是被無限細分的生產環節中的一個個點。在工作的高壓下，她們來不及思考平等，而是更關心這個月能加幾天班、跳槽去隔壁工廠，時薪能不能再高一些。

社會最常聽到的女工聲音，來自她們裡面的少數派、那些具有先鋒性的女工領袖。她們揭露不合理的勞務關係、工傷風險、職場壓迫。這樣的表述下雖呈現出女工抗爭的一面，但抗爭之外，理應還有更多。

本書的受訪者之一紅豔在深圳一間電子廠工作。她同時是多個工人微信公眾號的經營者，會利用工作之餘在公眾號上寫文章，向其他工友推送最新的工業區招工資訊。分享工廠生活的紅豔，是人們所熟悉的積極、熱心的她；但聊到她身後的家庭時，我看到了她不輕易示人的軟肋。她對自己的家世無奈，一想到命運坎坷的媽媽就忍不住紅了眼睛；離開工廠區，她變得不那麼健談，在不熟悉的網紅餐廳裡沉默不語。相較於工人圈子裡的大小事，家鄉是一劑苦藥。

我一層一層撥開她們的打工史，看到的並非只有某一個面向。丁當說：「很多時候一想到女工，專家、學者、媒體就會代言我們，我真的不想被別人代言」。

我相信，女工當下的處境，是由她們過去的一個個選擇所決定的。在成為女工之前，她們是女兒、學生、農婦或者家庭主婦，放棄原鄉的角色，千里迢迢來深圳當產業工人後，在獲得與失去之間，總有平衡。同時，原生家庭的影響又陪伴她們至今。她們成為女工，常常是為了更高的收入，也有的是為了獲得離家的自由。在生存現狀之外，我還關心影響她們的那些人生事件，比如家庭變故、婚姻關係、疾病等等。十三個故事裡，我嘗試解剖她們儘量多的生活細節，請主角們親自把時間之門打開。

　　因而這部女工史裡，常有一些她們認為不足為外人道的細節。但正是這些細節，造就了每位女工的獨特。當外界的話筒——媒體或者學者走近她們的時候，她們更習慣表達訴求，爭取權益。我卻試圖先分享故事，從故事裡看到她們對外發出的那些訴求，並以故事更新消費者和生產者、我們和女工的聯繫。

　　朵朵浪花掀動巨浪。這些故事拼在一起，呼應著時代的滾動。她們不再和我們無關。

　　晚上十點，當深圳女工在龍華工廠的車間裡加班生產藍牙耳機，賺取更高的加班費時，羅湖的白領也許正在辦公室格子間裡，一邊用女工生產的藍牙耳機聽音樂，一邊加班奮鬥明天要交給甲方的銷售方案。他們在平行宇宙各自努力，靠自己的雙手生活，同樣關心生計和未來。

　　女工也是深圳短暫的新移民。從「深漂」起步，最終選擇定居深圳的人卻不多。雖然這座城市一直在宣傳「來了，就是深圳

人。」試圖吸引各方人才，但定居深圳卻不容易。深圳是全國房價最高的城市。女工的薪水在房價面前杯水車薪。在決定離開的女工們心裡，深圳只是一段青春。青春燃盡，她們總要回到家鄉結婚生子。女工對去留的抉擇，何嘗不是每一個「來過」的「深漂」都曾做過的選擇題。

還有那些工作中的麻煩。她們新進工廠都得「依照慣例」，被前輩欺負幾次。即便成了老員工，也不可過於懈怠，往往工作三心二意的後果就是要為車間裡的工傷事故買單。她們從未停止過衡量每一份勞動的性價比。她們已經不像父母那輩，守著田地就甘願終生面朝黃土背朝天。她們確實看到了時代在改變。有時候，明知道前面是風險，也要壯著膽子試一試。因為高風險可能換來更高的收益。

城市中獨立討生活的人，應對之感同身受。

我問她們有夢想嗎？有想去的地方嗎？最常聽到的答案是沒有。她們常著眼於實際，有著最樸素的生存目標。

書中另一位受訪者斗斗是重點大學的畢業生，自降學歷去富士康做女工。她解釋自己這麼做的原因：「我覺得有學歷的人跟沒學歷的人的工資差別還算挺大的吧。因為有學歷的人，至少找到的工作是五天八小時，然後就可以拿到3,500到4,000塊錢。他們（工廠工人）一個月工作三十天，只能休四天或五天，每天也工作10小時，加上休息的時間就是每天有12個小時是在工廠裡面的。他們月薪可能就是3,000到3,500這樣子。我覺得差別好大。如果我這個擅於動腦

的人不去動腦了，也去動手的話，會不會縮小這個差距？」

在斗斗心目中，受雇者之間的不平等顯而易見。她試圖通過個人努力，在力所能及的範圍內縮小兩種群體的收入差距。最終她堅持得也比我想像的更久。

在女工身上，我看到了自己、看到了很多人。交談中，她們拋出一個觀點，我很少表達同意或反對。我習慣靜靜聽她們說。女工們通常感性，常在說到動情處突然笑或掉淚。我不打斷。我不能說這十三位女性能代表多少比例的深圳女工，因為她們的故事既典型，又特別。每一次的訪問與記錄，我僅期望她們能夠儘快忘記採訪狀態，越自然鬆弛越好。我的開場白經常是：「沒事，就當聊聊天」。

希望讀完這本書，讓你也感到離她們更近了一些。

2022年2月修改於上海

※為尊重受訪者原始用語，本書中提到的金額若未特別標註，幣別皆為人民幣。

看見商品背後的生產者

尖椒部落・雅清

　　手機、相機、箱包、服飾、抱枕……，如果你的生活離不開這些，那麼，她們的故事就與你有關。

　　她們是這些商品背後的生產者和銷售者。她們從不同地區的鄉鎮來到城市，在不同的崗位上奔走。她們有一個共同的身分：中國女工。

　　根據中國國家統計局的數據，2020年中國農民工總量為28,560萬人，其中女性占34.8%，近9,939萬人。書中的十三位女工，是這數千萬人的縮影。同時，她們也是一個個有血有肉的、鮮活的個體。

　　從輟學少女到公益機構負責人，從女工領袖到全職媽媽，從倉庫文員到歌手，從大學生到流水線（台灣稱「生產線」）女工……她們的講述，或許會讓我們反思對於「女工」一貫的想像——沉默、溫順的底層女性。這些故事是如此複雜又富有生命力，我們不僅從中看見她們的勇氣、智慧和毅力，看見她們改變自身與環境的努力，也看見不同狀態之下人們的生活，從而嘗試理解她們的每個選擇。

為什麼要聚焦於中國女工？

作為面向女工用戶的網路平臺，在尖椒部落的工作中，我們時常能聽到女工描述她們工作時的狀態，以及她們對於工作的態度。「疲憊」、「麻木」、「像機器一樣」，都是她們口中或筆下出現的高頻率詞彙。尤其是工廠流水線上的女工，要適應每天高強度又極度單一重複的工作，對身體和精神都是一大挑戰。

2010年3月17日，因為沒能領到工資卡，富士康女工田玉從宿舍樓縱身跳下，導致下半身癱瘓——這是震驚各界的「富士康13連跳」的「第二跳」。作為倖存者，田玉受到眾多媒體的採訪，人們試圖探尋背後的原因究竟是工人的「情緒問題」，還是不合理的管理制度。同時，這一系列事件也喚起社會對於「血汗工廠」的關注。

2010年10月，由兩岸三地高校調研組發佈的《兩岸三地高校富士康調研總報告》指出：「富士康的勞動體制以高強度生產、低工資和低消費、暴力規訓體制、分化工人為特徵，是以犧牲工人的尊嚴為代價的，其本質是對工人的嚴重異化與剝削。」

該報告的統計數據顯示，38.1%的工人表示曾有過被管理人員或保安限制自由的經歷；54.6%的工人在不同程度上對工廠制度和管理感到憤怒；16.4%的工人表示曾有過被管理人員和保安體罰的經歷。「管理嚴格」、「非人性化」是工人最常用來描述對富士康印象的詞。調研組將這樣的生產體制稱為「規訓與懲罰的勞動集中營」。

富士康是中國經濟發展模式的一個縮影。2015年的一份報告

《跨國公司的人權責任保障研究——以「血汗工廠」為例》（韓欣彤、林瑤、馮志偉）提出：「『血汗工廠』已經不再局限於人們印象中的工作環境惡劣、拖欠工資、延長工時等簡單粗暴的侵權方式，而是具有了新的特徵。」

如：「雖然法定節假日按時放假，但放假時間有縮水嫌疑；雖然按規定發放加班費，但強制員工加班；三險一金、五險一金等企業福利基本到位，但工傷難以得到賠償；特殊工種特別是有毒有害工種得不到應有的補貼。」隨著法律的完善和勞動者素質的提高，過去通過工時工資等簡單傳統的剝削方式已難以為繼，但新的剝削形式仍在肆意滋長。報告同時指出，工人業餘文化生活單調、公司缺乏企業文化以及溝通機制的匱乏，這些平日被視為理所當然的製造業工人的處境，其本身也是血汗工廠的重要特點。

上述數據和分析可以從一些女工的經歷中得到印證。本書的受訪對象之一小五，在給尖椒部落的一篇投稿中曾經寫道：

我做的是模具拋光的工作，雖然不用在流水線上如同機器人般不停地勞作，但實際上我和產線上的工友一樣，掙脫不了孤獨和寂寥的枷鎖。有時還要爬到機台上去拋光，機台裡溫度高，空間很有限，要側身和彎腰，一進機台至少半小時，出來時，身體已經變得僵硬，疲憊的我坐在凳子上就能入睡，根本無力去與其他人交流。時光悄悄流逝，我們在車間揮灑著青春和汗水，留給自己的卻只有麻木的身體和靈魂。

一位筆名為「東平怡嬌」的女工則記錄了她和組長、線長爭吵的過程：她上班時忘記打卡，按照規定可以補考勤記錄（否則會按曠工處理），但主管一口咬定沒法補。後來她通過員工投訴管道解決了問題，卻因此被主管辱罵、「穿小鞋」。

第二天，我照常在流水線做產品，線長氣沖沖地衝到我面前，大聲地說：「你怎麼做那麼少，別人都可以做兩千多，現在都兩點了，你才做到八百，你今天下早班，別加班了。」我們流水線工人一個月的底薪很低，每個月就靠加班多賺點錢養家糊口，他這沒理由地就不讓我加班，我非常生氣。況且我做的這個料相對其他料加工起來費的時間就是要長一些，我從早上上班一直忙到現在，一刻都不敢休息，他這明顯是故意找我岔子。

　　此外，對於女工而言，還要面對工廠內部的性騷擾，以及不合理的工作制度可能導致的女性健康方面的問題。這些問題的發生往往更加隱蔽，也更難受到重視。

　　《深圳經濟特區性別平等促進條例》實施一年後，在2013年，深圳手牽手工友活動室發佈《看見性騷擾——工廠女工被性騷擾公益調研報告》。報告顯示，在所有受訪者中，曾在工廠遭遇過不同程度性騷擾的人數比例達到了驚人的71.2%，被騷擾的場所主要集中在車間，多數性騷擾者是同班組及附近崗位的同事。

　　調查結果表明，面對性騷擾，女工有一定的自我保護意識，超

過六成半受訪者曾做出不同程度的反抗，但46%的處理結果是不了了之。在反性騷擾方面，企業缺乏預防及處理此類事件的機制。

而面對這種種困境，女工的發聲和行動一直在持續。

2015年三八婦女節，深圳女工喊出「我要帶薪月經假」的口號，提出工廠上夜班、站立作業、限制如廁次數和時間、超時工作、接觸有毒有害化學品等生產管理現象，對工人、尤其是對經期女工身體的傷害，要求落實對於女職工的「四期」保護^{（編註）}。

2018年初，深圳富士康女工向廠方和工會寄出公開信，要求工廠採取一系列反性騷擾措施，包括張貼防治性騷擾標語、開展反性騷擾培訓、設置專門接受性騷擾舉報投訴的管道等。這一被稱為「富士康女工 #MeToo」的行動獲得國內外媒體及中國主流媒體觀察者網等的關注和報導，將工人權益問題再次帶入公眾視野。

在消費至上、娛樂至死的資訊時代，女工對於自身權益的吶喊常常被淹沒在資訊洪流中。「尖椒部落」這一平臺創立的目標，即是「放大女工的聲音」，在賦權女工透過文字表達自我的同時，也讓社會看到女工真實的訴求，以及長期處於邊緣化狀態的、她們對於自己生命故事的敘述。

同時我們也希望做出更多嘗試去改變現狀，例如與女工合作社

中國的《婦女權益保障法》第26條規定：婦女在經期、孕期、產期、哺乳期受特殊保護，簡稱「四期」，並對此設有相應的勞動保護標準。

一起尋找某種不存在剝削的商業模式：像是能否讓工人參與產品每一個環節的設計和製作，並且在定價上擁有決定權，從而真正成為產品的主人？書中，萬萬的故事展示了女工在公平貿易方面做出的探索。這也是我們希望這本書可以帶給讀者的思考。

現代生產方式把生產者和消費者分離開來。我們可以用便宜的價格買到各種快銷品，可以購買廉價又便捷的服務，而無需思考它們是從哪裡被誰生產出來，又被誰送到我們的手上。另一方面，我們自己也往往同樣是這個供應鏈上的一環，處於不被看見、疲於奔命的境地。

我們能否透過商品，看到背後勞動者的面孔？當我們從貨架上、從購物車選中一件商品，我們是否會停下一兩秒，思考它的生產過程？我們是否會拒絕購買「血汗商品」？我們是否願意更多地瞭解和支持公平貿易？

看見和瞭解是第一步。越來越多的關注和反思，將為拉近兩者的距離做出努力。

作為書中幾位女工的朋友，也是計畫參與者之一，我在最初收到書稿的時候感受很複雜：我熟悉她們一部分的故事，但看到這些故事以這樣的形式被講述和呈現，有一種從遠處重新走近她們的感覺。現在回想起來，更覺得是一種無比珍貴的相遇。

從採訪到成書，再到幾經波折終於能夠出版，中間已過了五年。書中的十三位女工所接觸的勞工機構，以及她們身後的深圳工業區，都經歷了人與事的變遷。有的女工已經結婚生子，生活狀態

發生較大的改變;有的進入公益組織工作,又在考慮重返工廠;有人因應中國城市規劃從製造業向高新技術行業轉型,以及生活成本的提高,選擇離開深圳去別處繼續打工。2018年後,隨著工廠集體維權事件的爆發,政府再度加強對勞工機構的打壓和管控,尖椒部落也在2021年宣告正式關停。

書中的一些女工和我們仍保持聯繫,但我們都像時代下的沙礫,在風中四散。無論對於女工還是機構工作者,流動和分離原本就是我們隨時要面對的問題。但如果我們的聲音可以繼續傳遞,我們行動的影響力還在延續,那就代表曾經的工作有所價值。

希望這本書可以帶來一場跨時間和地域的對話。而對於讀者——閱讀到此處的您,無論這些女工身在何處,您此時都有機會透過文字和影像與她們相遇,並讓她們的發聲所產生的迴響傳至更遠。

目次

生於90年代——

生於六十年代

她

Her Story

匠心萬萬

她從床上拿出一個加工過的方形抱枕。

「比如這個，我拿過來就縫三個邊嘛，一條拉鍊，我十分鐘就能縫好一個，縫一個3塊錢，一天100個是可以做的。」

「再就是還有像那種飛機上面的那種口罩，就是封一下那個帶條，一塊錢左右（一個）。」

萬萬獨自住在深圳龍華一間五平米^{（編註1）}不到的城中村出租屋裡，一張上下鋪占了三分之二的空間，上鋪放一些雜物和行李，下鋪是床鋪，牆上、床角掛滿了萬萬自製的包袋和手工藝品。洗漱空間和他人共用。她沒有固定工作，靠製作環保袋、縫製布藝等散工維持生活。這些手工活通常按件計酬，因此萬萬每月的收入並不穩定，有時接到一個專案能有四五千元進賬，她便安心做上一兩個月。她愛笑健談，習慣戴一頂天藍色鴨舌帽。這頂帽子也是她自製的。

　　她是湖北天門人，來深圳打工超過十年。丈夫和孩子在老家生活，和她分隔兩地。她是家裡六姐妹中的老四，爸爸媽媽一直以小名「安安」稱呼她，取平安的寓意。但後來遇見與她同名的丈夫，為避免喊起來混淆，她主動把名字改成「新岸」，寓意「新的彼岸」。

　　1999年，萬萬通過媒人介紹和丈夫相識。兩家都住在僑鄉工業區，騎自行車只需要半小時。丈夫屬於城鎮戶口，當時在市裡的國營棉油廠工作。萬萬想著結婚後，能「升級」為城鎮戶口，而且兩家離得近，互相走動也很方便，便同意了這樁婚事。兩人婚後，丈夫的工廠迎來了中國國企^{（編註2）}改革，工廠停業整頓，他因此下

1 平米，中國用語，1平米即1平方公尺；每坪相當於3.3058平方公尺。
2 國企，此指中國的國有企業，由中央或地方的各級國資委出資設立，其中又可分為「央企」（中央所屬的國企）與「地方國企」（地方所屬的國企）。

崗，被迫另謀出路；為了給丈夫搭把手，萬萬從一家私企廚師離職，和丈夫開始做起糧油小生意。

二人的糧油小生意後來虧了本。考慮家中生計，萬萬隨後在天門一家生產拳擊手套的工廠工作了幾年。那家工廠是日本一家拳擊用品公司的代理商，負責拳擊手套和腰帶製作。曾滿心以為這份工作能幫助萬萬重新開始穩定的生活，現實卻並不如所願。她回憶工廠的管理者分配活計時，優先把貨單派給與之私交更好的工人，萬萬屬於新人，不認識什麼管理者，便接不到足夠的活。

幾年後，萬萬的一位老鄉來天門為深圳一家服裝廠招工，萬萬權衡利弊，選擇隻身南下。

早些年萬萬每次從深圳回老家，孩子都叫萬萬「企鵝媽媽」。萬萬問孩子什麼意思，孩子回答她：「企鵝媽媽就是生下那小企鵝就不管小企鵝了，把小企鵝給企鵝爸爸養。」丈夫也總是勸萬萬回家，他常和女兒說「媽媽不要你了」。但萬萬想到去留深圳的問題，至今仍顯得有些迷茫，「我也不知道為什麼一待就待……其實我老想回去，再不來（深圳）了，可就一待就待了這麼多年。」「可能是我一個人過習慣了，真的回家了我其實很難跟別人交往，真的那村子裡我很少跟別人交往的，很多人我連名字都不知道。」

萬萬窄窄的床頭一直放著女兒小時候的照片。和女兒視訊聊天的時候，她會悄悄截圖，然後把截圖放在手機相冊裡，這樣就可以時時翻出來看。她說女兒現在大了，不樂意拍照，她只能用這種辦法記下女兒的樣子。

生在人民公社

　　萬萬1966年在距離天門十分鐘車程的六河口人民公社出生。「父親當年因為跟媽媽關係搞得不太好，就說去開墾農場，那時候（那裡）蠻大的荒地需要開墾，召集了很多人嘛，我父親就回應號召，帶著全家去開墾農場，」文化大革命期間，萬萬回憶：「農場跟農村的區別，就是糧食是分的，菜也是分的……我媽媽上工的時候，我們吃的飯，就是拿一個臉盆裝一盆米去到農場（公社）那裡去兌飯，吃大鍋飯菜。」萬萬小時候經常吃不飽，她最喜歡做的農活是「挑野菜」，比如那些長得像黑木耳的地撿皮，「很好吃的，現在都沒有賣了」。

　　她與姐妹的平均年齡相差兩歲左右。童年的記憶裡，她常常和姐妹們在農場裡玩樂、從果場的鐵絲網鑽進去、偷果子吃。爸爸帶著六姐妹同時出現的時候，鄰居便開玩笑說汪家養了「六朵金花」。小時候，萬萬是爸爸最無可奈何的一個孩子。她曾經因為犯了錯，被爸爸在穀場裡追著打。不過爸爸常說，萬萬的脾氣最像他。公社時代，爸爸常帶著萬萬在農場看露天電影。萬萬個頭小，坐在爸爸的肩頭。那些電影看得一知半解，印象稀薄；但她總記得電影散場後，自己踩著水坑回家的片段：「下雨的時候地面有白窪窪的水，他（爸爸）每次一踩，我聽見聲音，爸爸就警告我不要也踩到水，那個時候不是那種水泥地嘛，是泥巴地，很難走，但我特別喜歡踩水，就故意踩著水窪走。想起來挺好笑的……」

如今萬萬的父母都不在了，姐妹們四散在不同的地方生活，全部離開了天門。而萬萬是當中走得最遠的一個。「我們現在都分散了」，她說，「一個妹妹嫁到廣東惠州，我在深圳，其他姐妹在老家附近的地方。」

　　漂泊多年，萬萬很少和深圳的新朋友說起自己的家世，把過去埋得很深。即便關係最親密的工友，也並不瞭解萬萬在老家的經歷。她和那些十幾歲就南下打工的女孩子不同，成家生子後才出來闖蕩。她不是抱著「賺夠回老家蓋房子的錢就回去」的目標留在深圳的。她對原生家庭、自己的婚姻描述得很小心。再問下去，她居然聲音哽咽。「我不想說成家之前的那一段，太痛苦了。我從來沒和別人說過，我們不說好不好？」

　　遭到萬萬的幾次拒絕後，我們彼此都不再提這段婚姻之前的故事。

初為手藝人

　　「其實現在做這個真的是迫不得已逼上來走這條路的」，萬萬說起自己的營生——手工布藝，沒有一絲驕傲。她沒想過靠縫製布藝謀生，少年時的興趣只是單純地想學服裝，讀初中時自己用碎布頭縫過一件旗袍裙。「那時就是很想做衣服，因為我那時候太調皮了，父親覺得我不適合做服裝這一行，我說我要學做服裝，他都沒讓我去學。他就要我的妹妹去學。妹妹性格比較靜，我的性格比

較鬧，就比較好動，他說我坐不住，不要我學服裝，他就叫我妹妹去。」

「結果我妹學成了。當我生活很困難的時候，就自己去找服裝廠，想進一家服裝廠，但是我又不會做服裝，我就想怎麼能夠進那個服裝廠，就去參加工廠的考試。」

老家一家服裝廠恰好在招工。彼時20歲的萬萬知道，自己連踩縫紉機都不會，就算考試也沒什麼勝算，就提前拎著兩瓶酒去賄賂廠長。她太想得到這份工作了。真到了考試那天，不止她一個女孩看著試卷兩眼懵，她又不甘心坐以待斃，主動建議組長「既然大家都坐在座位上沒事可做，不如我們現場做些流水作業給你們看」。

她們趁機會試著現場做一些布藝的拼接。這份作業做得並不及格，多人合作一團亂，組長不太滿意。萬萬見狀，靈機一動，「要不這樣，你把這衣服拿去給廠長看一下，看他說行不行？他說行我就來，他說不行我就不做了」，組長於是拿著不及格的作品去找廠長。廠長接受了她們的作業。就這樣一波三折，萬萬進了廠。

萬萬最初負責壓線，即用縫紉機給面料外層壓上明線。萬萬說，這是做服裝的流程裡最簡單的一步。新來的工人們逐漸做順溜了，再去處理更複雜的口袋縫製。萬萬的上一份工作是磚瓦廠的臨時工，需要在戶外搬磚。剛從工地轉來這家工廠做工人，她心懷感恩，畢竟不用在戶外風吹日曬了，而且「那時候在廠裡上班，人家還是很羨慕的。就不像幹農活，在家裡農村種地，說農村種地好像很低級，你說在服裝廠上班，人家覺得還蠻高檔的。」

這份工作的收入不高，工資按年付，一年下來，扣掉生活費，萬萬僅存下一兩百元。從工地到工廠，萬萬只想著工作環境變好了，卻沒意識到收入並沒有怎麼增加。她開始考慮換工作，「一聽說哪個廠（工資）高就往哪個廠去」，「後來又回去幹農活，反正起起伏伏的，那些年真的是，一時農村，一時工廠，反正就在轉化」。

　　在斷斷續續的服裝廠工作中，她逐漸學會了縫製難度更高的領子和口袋。她服務過的服裝廠，有的做外貿，有的負責品牌代工。萬萬從來沒留意過自己在為什麼品牌做衣服，她也不關心。職業習慣使然，平時逛商場，她一看就知道一件衣服品質好不好，哪些位置的走線做得不對。

深圳「不倒翁」

　　經歷了結婚、生子、辭職、生意失敗⋯⋯面對家庭中的情感壓力和經濟壓力，她下了好大的決心，中年離家。2004年，她跟著老鄉，遠赴深圳一家服裝廠，成為新的流水線工人。她曾經喜歡在流水線邊放一台收音機，一邊工作一邊聽廣播。但是在深圳新的工廠裡，組長很反對，認為這不符合工作規定，有天直接上前把萬萬收音機的線剪掉。這讓萬萬和組長之間鬧得很不愉快。萬萬在深圳服務時間最長的一家工廠叫「雅倫」，位於梧桐山北邊的彩迅工業園。在這家工廠她待了三年。

長期疲勞用眼，令萬萬的視力衰退得厲害。她還落下了頸椎病。在「雅倫」時，有天一早，當她從工廠宿舍的床上醒來，發現自己一隻胳膊竟抬不起來。她無法翻身，也坐不起身子。同宿舍的女工趕緊去和廠長請假，又想辦法把萬萬抱去醫院救治。醫生說這是頸椎病引發的癱瘓，需要休養。萬萬無奈請了一個月的無薪假，在工友的幫助下艱難往返醫院打針吃藥，努力復健。「這不算工傷，工傷是要帶薪的，我這個沒有補貼」，萬萬說。

　　可頸椎病好了些，她又被查出有子宮肌瘤。「真的那段時間我快崩潰了，我以為我就那樣子倒下去了，有幾樣的病在身上，再加上我的孩子那時候還蠻小嘛，我就感覺我要是一病倒，又沒人賺錢，我小孩怎麼辦呢？有沒有人管？我整個人坐在床上哭。我們宿舍真的還有人心腸蠻好的，把我攙起來，幫我洗頭髮啊，還對我還蠻好，鼓勵我，我真的很受鼓舞，我內心很感激他們的。」

　　幾次疾病襲來，她都咬著牙繼續工作。然而病魔抵不過現實，2015年，工廠老闆因為年紀大了，無心力顧及廠裡的生意，宣佈「雅倫」倒閉，解散了所有工人，萬萬也包括在內。

　　她考慮過要不要因此搬回家鄉生活。但正是靠著在深圳打工，她才能每月省下些錢寄給老家的女兒作生活費。她擔心離開深圳，放棄了相對老家更高的收入，經濟上無法接濟家中。這一年春節過完，她在老家找了份事做，不再回深圳。沒想到做了兩三個月，工廠沒有發下來半毛錢，拖欠的兩三千元工資，後來還靠小姑子艱難討回。這次失敗的經歷，讓她對在老家謀生再次失去信心。

從雅倫被解雇、重返深圳的萬萬，因為年紀偏大，沒有機會再去工廠找事做。她開始找一些散工──比如街頭發傳單、保潔、保姆、清潔工，並通過朋友介紹，接到一些工廠外包的、按件計費的手工活。萬萬麻利，經驗又豐富，手工布藝雖然辛苦，但萬萬做得很快，她也樂在其中。

　　她從床上拿出一個加工過的方形抱枕。「比如這個，我拿過來就縫三個邊嘛，一條拉鍊，我十分鐘就能縫好一個，縫一個三塊錢，一天一百個是可以做的。」「再就是還有像那種飛機上面的那種口罩，就是封一下那個帶條，一塊錢左右（一個）。」

　　散工算日薪，比以前在工廠裡做流水線高不少，但這樣的活通常幾天才來一單。除了日常的散活，她一直試圖學些新的縫補手工技能，比如十字繡。她從公益機構找來幾本十字繡的書，計畫學著繡。如今又參與社會企業，接一些「公平貿易」的活。

　　隨著技能的提升，這幾年，她的日常活計從縫補升級到創意和設計。採訪時，萬萬正在為香港一家公益機構做零錢包，錢包的樣式算是她自己想的。公平貿易項目的手工活不如工廠外包單價高，但這是可以讓萬萬施展匠心的工作。她可以去選材、設計，將創意變為實在的商品。她說自己從未有過這樣的成就感。

萬萬・六約

難回去的家

　　醫生再三建議她轉行，否則頸椎病可能還會復發，但萬萬覺得，自己很難再重新學其他技能賺錢了。她不得不努力接更多的訂單，為女兒交學費、買衣服、置辦用品。最近她才買了一個書櫃寄回家，女兒即將要高考了，她猜女兒應該有很多書需要地方放吧。

　　丈夫幾年前正式退休，選擇返聘回了一家工廠做零工，重新開始忙碌的生活。他在上一段婚姻中帶來兩個女兒。萬萬的女兒，他原本不想要的。如果再生，他只想要個兒子。萬萬那時好不容易懷了孕，丈夫讓她去醫院檢查是男是女，如果是女孩，就打掉。她一

個人悄悄去了醫院，知道是女孩，但她絕不忍心打掉這個孩子，就騙丈夫：沒檢查，「應該是男孩」。

女兒的降臨讓萬萬視若珍寶，丈夫和婆家人卻對這個新成員的到來表現得很淡漠。曾經淡薄的夫妻感情也更加如履薄冰。萬萬至今都記得，丈夫剛下崗那時，每個月可以領一百元的低保補助。一次丈夫恰巧幾天不在家，萬萬幫丈夫代領。但丈夫卻流露出強烈的不信任，再三警告她不能動這一百元錢。「當時我在家裡真的壓力挺大的，不知道為什麼，差點抑鬱症了。整天腦筋很恍惚的，就是老想要自殺、想死的念頭」，為了能讓女兒有好生活，而不祈求他人的供養，她才重返工廠打工、南下深圳、也咬著牙在工地裡幹粗重活。她所做的這些，卻得不到丈夫和女兒的理解。丈夫說萬萬不顧家，心中沒有家的概念，萬萬百口莫辯。女兒和爸爸待在一起的時間長了，也覺得爸爸比媽媽對自己更好。

「這麼多年，我對她還是心裡很內疚的，因為平常畢竟我沒有陪伴她成長，她對我也估計也很多成見、很多誤會。她爸爸老說我不管呐，不管這個家不管她什麼的，有時候我回村的時候她理都不理我，她也不喊我。我有時候就說她還是不懂事，也許有一天她懂得了母親的辛苦，就是懂得了我這方面的用心，也許她會原諒我。」

有年冬天，萬萬回鄉早，那時女兒還沒放假：「我去她學校，偷偷地給她送靴子，怕她冷。我在教室門外面站了十分鐘，就這樣偷偷地看她，看她是不是真正地聽講，搞不搞什麼小動作，在課桌

下面偷偷玩或者怎麼的，還真的是，還是蠻認真地在聽講。」她拿出女兒的照片，低著頭介紹著，「我女兒長得不好看」，「女兒很少和我交流，我對她的瞭解很少，也只是從她爸爸嘴巴裡瞭解一點點，我知道她喜歡滑冰。」

萬萬不是不想回家，她也夢想每天和女兒一起生活，陪伴成長。但如果待在老家，她不得不面對壓抑的夫妻關係，經濟也難以自由。她只好留在深圳，以每個月寄生活費的方式，讓母女關係、夫妻關係和平而微妙地延續。

逐漸穩定的手工營生

每天萬萬去深圳一家工人機構借場地做手工活，晚上九點多再回到出租屋裡，賺來的錢差不多夠她每個月的生活費。老家的親人並不知道萬萬在深圳做手工：「他們其實很多事都不支持我的，有時候我說我在外面做工藝的活，他們就簡直不相信，所以很多事情我是不跟他們說的，他們基本上是不知道的。」他們一直以為萬萬在工廠打工，在他們的認知裡，工廠等同於穩定的工資，和更小的風險。

收入不穩定也是實情。沒活接的時候，萬萬會在外面繼續找事做，她回過建築工地，給鐵欄杆刷油漆。雖然建築工地的工作和工廠一樣管理嚴格，但是收入比較高，一天能掙一兩百。於手工活的閒時貼補家用，她的手頭便沒那麼拮据。

事兒做慣了，在圈子裡積攢下了口碑，這些年，散活偶爾也會紮堆來。她沒時間全做，便找相熟的姐妹分擔。她習慣親力親為，從選料到製作都不在話下，訂單多起來的時候，她也動過規模化生產的念頭。「有條件的話，可以組織幾個人，一些年齡比較大又無業的女工，她們有這種技術……既可以推廣自己的產品，又可以單做那種，我覺得還是可以的。但是現在條件還不是很允許，最缺的是資金，其實人這方面的話不缺。」

她算了一筆賬，「如果真正要達到那個規模的話，需要增加類似鎖邊機這樣的機器，而且需要一個足夠容納機器和人員的場地，啟動資金至少要幾萬塊。」現在的萬萬還負擔不了這個夢想，她沒想過眾籌，只是想做好眼前的工作。言談之間，她把興趣、事業和謀生劃分得很明確，手工布藝是興趣，工地散工是謀生，如果興趣能做大，就成了她甘願不斷投入的事業。「希望有一天我能夠做出自己的產品，能夠銷得很好，有很好的銷路，也是對自己的一個影響嘛。還是有這些希望，好的希望在裡面。有時候你還是捨不得、放不下這個位置，還有很多好像說牽掛在這裡面。」

後記

萬萬依舊每年只回一次老家。對她來說，老家和深圳都是難的。相比而言，她更喜歡待在深圳。在深圳，除了思念女兒，她隔絕掉了所有其它的情感綁架。「眼不見心不煩」，她說。女兒也許

會考上一所大學，也許會來深圳，不過這並不是一種強迫。「這個看她自己，我不能強求。但我希望她能擁有自己的一門手藝。等我老了，我想跟著女兒過。」

女兒從沒來過深圳。但她喜歡吃深圳超市裡賣的「玉米熱狗」，一種夾著玉米粒的火腿腸零食。女兒說，雖然老家也賣，但是比深圳賣的貴幾毛錢，所以總是主動請求媽媽回家的時候帶一些回去。有時候萬萬還會給女兒縫書包或是一些零錢袋，女兒很喜歡。

她只給自己的女兒親手縫書包，從沒給家裡其他人縫過。

Q：接活做手工這幾年，得到過他人的支持嗎？

A：家裡人不知道我在做這個，這裡（深圳工友）還是有很多認可的，很多人說這做得好漂亮什麼的，但是也有人說還是要提高一些什麼啊，提些意見。我覺得人家說的是對的，比如說那個線路啊或者是針具啊，可以略微調整一下嘛，是不是？其實很容易做到的事嘛。只不過說自己平常粗心大意，沒有注意這方面，其實這個又不是技術上面的事，只是說你稍微把它做一下調整就可以了。

Q：怎麼看待家庭和愛情，家庭和工作的平衡？

A：我為了親情可以犧牲愛情。我說不上來自己愛不愛老公，但有了孩子，我覺得要以孩子為重。這是我自己的觀點，但是也許有一些女強人不是這樣想的，她只是很自我，覺得為什麼我要受那個委屈。就說很多人以自我為中心的話，只要我自己怎麼怎麼樣，但是我做不到。我其實很佩服那些事業成功的女人，做一個女強人其實是挺難的，要犧牲很多，不容易的，真的。我和丈夫兩個人分開的話，我知道對孩子其實是個傷害，我可以犧牲我自己的感情這方面的，但是如果犧牲親情，我覺得我有點

捨不得。

Q：你說到自己說不上來愛不愛丈夫，那你曾經愛過
　　誰嗎？

A：當然有過，甚至刻骨銘心的，但是沒有得到這個。
　　其實，哎呀我不知道，我不能說，太深奧了，我不
　　說了。

Q：38歲來深圳是一個正確的決定嗎？後悔過嗎？

A：講到小孩子，我心裡還是有一點後悔的。如果講到
　　其他的事情的話，我也覺得沒有什麼後悔的，只是
　　說在對待我小孩這件事情上，那麼小把她丟下了出
　　來打拚，我覺得還是心裡挺內疚的。

Q：有沒有特別想做的某一件事情，或者特別想去的
　　地方？

A：沒有。

■

生於七十年代。

她

Her Story

小琴

前半生離不開
「逃」這個字

為免被管理者發現，她們決定悄悄溜走，宿舍裡的日常用品都不要了。

夜晚環境下需準備照明，動靜大，所以她們選擇白天行動。

終於等來一天下午，一部分工人加班，小琴和她的同鄉姐妹也湊在一塊休假了。

小琴想，這一次成功逃出去了，我就回湖南，再也不出來打工。

小琴（化名）從湖南來廣東打工已經超過二十年。二十多年裡，她統共打包全部行李回了兩次老家。每次回老家，小琴都以為自己不會再出來了，留在老家繼續做個莊稼人便好。但每次又都因為不同原因，再重新封包行李南下。第三次南下，她試過在番禺開店、在廣州、深圳的工廠做工人……如今她是一名常住深圳的鐘點保潔員。

　　2018年農曆春節，小琴沒有回湖南，接了幾個保潔散活。她不再對去留深圳猶豫不決。如今她說：「只要我能待在深圳一天，我就待在深圳」。站在這一年的時間點回顧過去，她在廣東生活的時間，比在老家生活的時間還要長了。

　　身邊的朋友多少聽說過小琴第一次逃回湖南的故事，朋友圈子中視之為傳奇。具體時間她已經記不清，只記得是1994-1995年左右，她和幾個同鄉順著工廠的下水道離開了當時為之日夜賣命的「魔鬼工廠」。逃離老家、逃離工廠、到後來逃離婚姻……逃——小琴的前半生總是離不開這個關鍵字。

求職被忽悠

　　小琴出生於1975年，一家世代在湖南衡陽祁東縣農村生活，父母日出而作日落而息，專心務農，是老實巴交的農民。小時候家裡兄弟姐妹加上小琴一共六人，兩個孩子因病去世，如今只剩兄妹四人，小琴排行老三。初二那年退學以後，小琴幫父母把種好的青菜拿出去賣：「好辛苦，又沒錢，（賣菜的）錢都要交給他們哦，我

們自己身邊都是沒有錢的，然後就想著跟別人出來打工。」老家院子大，當時院子裡四、五個女孩年齡相仿，都不甘留在農村，覺得出來打工能賺錢，還自由。她們苦於沒有相熟的人引薦，又聽說政府在當地為廣東找工人，就徑直去縣裡的勞動局，找南下打工的機會。

在勞動局，女孩們每人交了十塊錢，即被通知於指定時間，乘大巴車去東莞的一家工廠工作。當時沒有簽合約，小琴說：「車費也暫時免了，說到時從工資裡扣。」沒想到找工作這麼順利，她開心極了。但這次來勞動局屬於先斬後奏，她沒敢和父母提前說。小琴所在的村雖然不富裕，但經濟條件也還過得去，「屬於不好不壞的那種」。90年代村子裡並沒有鼓勵年輕女孩子外地工作的風氣，家人一聽，就覺得不放心。

好不容易憑著「離家賺錢」、「貼補家裡」說服了爸媽，她按照勞動局的要求，準時出現在開往東莞的大巴上。她不知道將要去的工廠叫什麼名字。不只這一家，她對所有曾經工作過的工廠名、品牌、招牌都沒有印象，而這家東莞的工廠，她現在也不確定那是一家電子廠還是玩具廠。她只記得，自己的工作是加工一種玩具鬧鐘，對它們進行組裝和噴油。鬧鐘外形大多為卡通寵物，聲音很大，「你調好，它早上就叫『懶蟲起床懶蟲起床』，還有一種貓的款式，鬧鐘響起以後會搖尾巴。」小琴第一次見到這樣的鬧鐘，覺得稀奇，很喜歡。

她若是能提早預見到，在這家工廠工作的八個月裡將收不到一分工錢，一定不會義無反顧地離家南下。

下水道逃出生天

　　工廠共有二、三十位工人，兩三個車間，車間窄窄地挨在一起。那是一組封閉型的空間，工廠裡配置了宿舍和食堂，包吃包住。宿舍為八人間，每間宿舍有四張鐵架上下鋪，多個宿舍共用一個公共洗手間。食堂裡的菜「和家裡比差遠了，沒有油，份量又少。」平日工作時間通常持續到晚上九點，週末有時也需要加班。工人如果出廠區，會被保安要求搜身——工廠的管理者擔心工人把玩具帶走。

　　小琴進廠時，口袋裡只裝了幾十塊錢現金。由於一直不發工資，在工作到第三個月時，她已經萌生退意。但她又擔心離開以後，身無分文的她會連飯都吃不上，路費都攢不齊。時間一天天過去，工廠依然沒有發工資的消息，工廠門口的保安，管控工人出入更加嚴厲，24小時值班。

　　她想過翻牆逃走，可是工廠的圍牆太高，小琴爬不過去。而且圍牆上都插著玻璃。

　　「有的工人說，這裡要等到過年才一次性發工資。等於說你從一來就一直開始做，做到過年放假了才把工資發給你。沒錢用的就可以偶爾在他那裡支一點點錢，支幾十塊錢。（我）也支過一兩次，但是支也是有規定的，支多了他不讓。說是有地方給你住，又不扣你錢，有飯給你吃也不扣錢，然後只是買一些生活用品而已，要不了多少錢。」小琴後悔又後怕，沒想到離家外出打工是這樣的

境遇，辛苦不說，甚至連錢都拿不到。

因為出廠區難，大多數工人們即便要買東西也不敢走遠，怕走丟了。工廠外的雜貨鋪成了他們購物的唯一場所。這也導致他們完全摸不清工廠外的路況，逃走變得更難。「那時候我們膽小，從來沒出來過，又不知道怎麼坐車回去，因為來的時候他們用車送過來的。也不知道站台在哪兒，去哪裡坐車，反正心裡就一直很想回，然後又很著急的那種，到時候我們怎麼回去啊……」

小琴的同鄉小雲，幾個月前和她一起從衡陽坐大巴車進的廠。她湊齊一同招工來的同鄉，建議想個點子，大家一起逃走。「她特意去找了一條路。那時候的下水道都是紅磚砌的，不像現在都是水管。一條溝很長，可以鑽進一個人。」小雲趁著不當班的時候，親自鑽進下水道試了，發現可以出去後，回來和姐妹們「彙報」，開始部署逃跑計畫。

為免被管理者發現，她們決定悄悄溜走，宿舍裡的日常用品都不要了。夜晚環境下需準備照明，動靜大，所以她們選擇白天行動。終於等來一天下午，一部分工人加班，小琴和她的同鄉姐妹也湊在一塊休假了。小琴想，這一次成功逃出去了，我就回湖南，再也不出來打工。

逃避媒妁之言二次南下

蜷縮在下水道裡前行，小琴擔心被人發現，出口被堵住。所

幸下水道不長，兩三分鐘後她們就順利爬了出來。重拾自由的女孩們，想辦法各自打電話回家，打聽東莞哪裡還有老鄉、親戚，打聽到了就上門說明遭遇，去借錢、湊路費。老鄉把錢借給他們，還告訴她們在哪站上車，哪站下車。雖然迷茫，但「第一時間出了那個廠，我們就放心了。」

等回到湖南老家，爸媽聽完她們的遭遇，嚇唬小琴：「以後還敢不敢出去了？老想著外面多好多好，現在知道了吧？」小琴苦笑。幾天後，她重新幫父母下地幹活。家裡的地取水遠，她每天頂著大太陽，挑擔子去取水點接水。

在老家，新的煩惱來了。小琴已經到了適婚的年紀，說媒的人常常登門拜訪。她不喜歡這樣被動地交付自己的婚姻，來一個拒絕一個。她的理想是30歲結婚——這想法在村子裡叛逆得出奇。

媽媽給小琴壓力：「女孩子總歸要嫁人的，你不可能在娘家我養你一輩子的。」「因為我眼光很高的，一般的人我看不上，我喜歡漂亮一點的，帥氣一點的，長得高一點的。我說我自己不高嘛，要找個男朋友高一點，然後一直沒有，自己沒有擴散那個朋友圈子，就是很難接觸到那些人。」小琴說。

在家做事累了煩了，加上無休止的催婚，她又想起打工的好處來——下了班就能休息。在家時，即使不在地裡幹活，回家還要做飯和餵豬。適逢表姐打工的製衣廠招工，她想了想，決定跟著表姐，重返廣東。

製衣廠的多個崗位都缺人，但小琴因為害怕操作機器，選了

剪線工這個工種。按小琴的話說，剪線工得「搶活」。所有在這個崗位上的工人，工作按件計費，有時越簡單的活單價越高。「如果沒有熟人，做7-8件的報酬抵不過別人做1件。我就不喜歡這樣子，因為我本來膽子就小，我又不怎麼多話說，然後跟陌生人很怕接觸，要我去搶貨，我寧願沒事做我坐在那裡玩就算了，有多的我就去拿，要我搶我就不搶了。」她在那裡一個月的收入大約一百多塊錢。她並不滿意。

聽說當年一同逃生的女孩們也有了各自不同的選擇。同鄉小雲回湖南後，沒多久也再次回到廣東打工。不過小雲後來去了洗腳桑拿會所上班，和生活在工廠區的女孩們就很少見面了。「她在那兒掙得比在工廠多」，小琴直言。多年後小琴再碰到她，兩人也只是禮貌地打打招呼，不再提當年一起逃生的事。

錯過的愛情和潦草的婚姻

在製衣廠做了幾個月，她自覺不適合，趁著過年就辭了工，再次回了老家。這次她是真的打算不出去了。她在縣城的一家電子廠找了一份工作，度過了她職業生涯裡最快樂的一段時光。

這家工廠生產手電筒裡的燈泡，也是計件算工錢。大拇指大小的小燈泡，加熱以後被熔化，熔化以後再被接上一根細細的管子，工人們需要用嘴把燈泡吹起來。「也會燙手。你都不知道會燙到手受傷，因為那個小的孔很小，會堵住，剛吹的時候也會浪費好多材

料，堵住了就吹不了，就浪費了沒用了。好像要學兩三天才不會浪費東西，吹吹很有味的，感覺好好玩，像小孩子玩的。有的吹出來還要驗光啊，它不亮啊什麼的，還有好多工序的。」

扣除伙食費和宿舍的水電費，她一個月掙得到400-500塊，相比上一份工作，工資高不少。由於離家近，「也沒有那麼被人欺負」，晚上不加班，踩著單車就能回家睡覺。

她在這家工廠還認識了自己真正喜歡的人。他們經朋友介紹而認識：「他人又長得帥，又那麼高，我在他肩膀那裡，我就喜歡那種人嘛。」剛認識的時候，她不敢和他主動說話，每次出去玩都叫上一大幫朋友一起。「那一年我過生日，22歲。他去過我們家，也不是他一個人去的，這一群人四、五個吧，都是朋友、同事，就一起去我們家給我過了個生日。可能跟他沒緣分哦，其實直到現在我還很想聯繫他，很想見他一面。」

一群年輕人在一起相處久了，有女孩主動追他，也有男孩主動追小琴，兩個不愛說話的人因為這些糾纏的感情線而錯過了。但這個男人，始終都是小琴後來擇偶的參照。那時候大家都還沒有手機，男人某天不辭而別離開工廠，連一句話都沒有留下。唯一送給小琴的禮物是一張寫了祝福語的小卡片。

家裡，媽媽的催促一直持續著。心儀對象離開老家縣城以後，小琴對媒妁之言從反抗變成默許：「嫁就嫁咯。這還不就是重男輕女啊，要是我是個兒子還不會逼我嫁人，那我是個兒子，我也只能待在家裡。反正也不管那麼多了，是個男人就嫁了，當時就是這樣

想的。」

　　每個月的2號、5號、8號是當地的趕集日。每到這時家裡就讓小琴去趕集，潛臺詞是令她去相親。相親對象會在那個市集出現，這早已被家人安排好。家裡催得越來越急：「基本上你自己也沒有什麼技術，就說我自己也沒什麼特長沒什麼優點，要挑別人好的，別人也會挑你。她（媽媽）反正就好像把我看得一無是處那樣。過了幾天那個日子到了，我就說那就去吧，就去看吧，反正就打算，是個男的就嫁吧，好像我這輩子碰不到我自己喜歡的人了，心裡就有那個想法。」

　　小琴25歲的時候嫁了人，丈夫住在離家二十多裡路隔壁鎮上，是媽媽娘家村裡的人。丈夫家裡不富裕，也不是手藝人，因著結婚過程中的諸多禮儀，人情禮數令小倆口新婚伊始便入不敷出。為了賺錢，他們又要去廣東了。丈夫先行一步離家，去廣東中山一家電子廠打工。三個月後小琴也追隨丈夫南下，他們後來在中山、番禺輾轉換工作，幾年間也迎來了家庭新成員，一對兒女。

番禺扎根做小生意

　　這次跟著丈夫來廣東，小琴打過好幾份短工，都不長久。比如她曾經在一家生產熨斗的零件工廠工作，坐在流水線上安裝零件。那時，她的前座和後座都是「熟手」，小琴只被師傅領著看了一次安裝的過程，就開始上手操作。小琴面前的檯子不太寬，沒過多久

她的檯子上就堆滿了從上游傳來的、沒來得及組裝好給下游的零件。

新人到崗，和同事的關係都還沒來得及建立，沒有人給她哪怕是搭把手。她安慰自己，過幾天熟練了就好了。拉長卻時不時走過來指責小琴手腳慢、耽誤下游的工人工作。

第一天在這家工廠上班時，小琴曾一整天沒上過廁所。因為上廁所需要領牌子、等牌子傳到小琴那裡，規定的上廁所的時間已經過了。吃中飯也不被允許離開座位，會有人送到每個人的工位上，吃飯的時間嚴格控制在十分鐘以內。

她想過換工作。但當時25歲的小琴在招工市場上已經算超齡。大部分工廠只招收18-22周歲的女工。如果一定要進廠，還可以託熟人、找關係，但一般要收300-500的介紹費，這幾乎相當於工廠發給工人一個月的底薪。她不想再進廠了。聽說他們住的地方附近有家小店要轉讓，她和丈夫商量，借錢盤了下來。

丈夫不願意離開工廠去做生意。他在番禺的一家電子廠工作了十年，做到小組長的位置。但他再也難以晉升上去。初中畢業的他，有時需要交一些報告或表格，卻總是做不來，需要小琴幫忙。小琴無奈，因為她完全不了解丈夫的工作內容。「（他說）不給我升職也好，給我升個職我也做不了，就是說他勝任不了，他沒那個能力，他嘴巴又笨，又不喜歡拍馬屁啊那些跟領導接近，做了十年，從來沒有說叫他們老大什麼的來我家吃過一頓飯，他就那種，所以升職也不會讓他升了。」

從開小店起，他們才逐漸把自己的根在陌生的南方扎下去。她

的小店起初賣一些酒水飲料，她知道這不掙錢，就跟風也在小店前面擺麻將桌，靠收檯子費謀生。在開小店的那段時間裡，她和社區裡的鄰居關係處的不錯，有時小孩子來店裡，她會給一些QQ糖之類的小零食，生意好的時候還會請鄰里喝最貴的飲料（紅牛）。有段時間，社區興玩「老虎機」。小琴也小心翼翼短暫做過，收取機器的豐厚租金。但這打得是「賭博」的擦邊球，她知道「不可能幹一輩子，打下麻將還可以，然後你想放那個老虎機是不可能一輩子的，都是做一天算一天，還要提心吊膽。」

也正因為生意做得比附近其他小店好，她曾經被隔壁小店老闆嫉妒而舉報，治安隊上門來抓人，經過小琴的小店時，她正巧幫一個客人找貨，站到了售賣櫃的外面，治安隊以為小琴是顧客，才跳過了她沒盤問。後來經人指點，她才知道治安隊的來意，抱著孩子倉皇逃跑，無奈關停了小店。

苦於沒有現金周轉，即便她後來動過做生意的心思，也沒有再重新開店。丈夫對在番禺工廠裡的小組長工作十分滿意，小琴卻對丈夫的安逸心態越來越失望。等孩子到了讀書的年紀，小琴便送孩子回湖南由外祖父母照管。回歸二人世界的她，到了聽從內心決定的時候。她從婚姻生活中出逃了。2009年，她一個人來了深圳，離開了番禺的家。

小琴・六約

「珍惜這個不打你的男人」

　　小琴對丈夫始終感情淡薄，丈夫自己也很清楚。這幾年，她曾經幾次提出離婚，都被丈夫拒絕了。「有的人說在娘家苦，嫁個老公就改變了嘛，就好了嘛，然後我們嫁了個老公，比娘家還要苦，所以就一輩子都是好像是低著頭那種，都是好像在別人面前低人一等的那種。真的，很多人都用那個瞧不起你的眼光看你，」她對自己的婚姻一直不甘心，「要是嫁一個我自己喜歡的，我跟他再苦再累我也願意，然後我跟他沒一點感情，又不喜歡他，我還要跟著他受苦受累」。丈夫從不做家務、不會掙錢……小琴說她已經很久沒有這麼痛快地吐槽過對方。

丈夫不接受離婚，一是為了在老家的面子，二是經濟和生活都還在依靠妻子。在老家人的眼裡，夫妻倆相敬如賓，從不互相動手，他們都以為倆人感情很好。小琴的姐姐也來勸和，以自己親身挨打的經歷勸她，「珍惜這個不打你的男人」，懂得知足。

　　在老家，女兒的學習成績比兒子好。女兒在湖南衡陽幼兒師範學校讀書，她從小讀書成績就不錯，小時候如果大人丟她的書本，她馬上一邊哭一邊馬上撿起來，「你不要丟我的書，不要丟我的本子」。但要是小琴丟的是兒子的書本，兒子卻無所謂——他沒那麼愛讀書。女兒畢業以後希望來深圳找工作，小琴很支持，她希望以後能和女兒定居在這裡。

　　她對女兒也有愧疚。女兒本有升讀高中的實力，繼而考大學。但小琴當時的經濟狀況負擔不起。初中畢業以後，女兒讀了中專。現在她想學鋼琴，小琴也支持。小琴自己曾經也是想讀高中的，家裡當時孩子多，供不起，爸爸只同意讓小琴的哥哥讀到高中畢業。「我那時候看到別人吹口琴啊、吹笛子啊，我都好羨慕好想學，但是我沒有，沒錢買，看到彈那個電子琴，更喜歡了，那時候才二十多塊錢一個吧，那個小小的，沒錢買，只能看下，只能羨慕一下別人，反正一直以來想什麼都是想想而已，都得不到。後來到這個年代了，我才會自己滿足自己的願望，一直以來都滿足不了自己的願望。」如今她常常督促女兒珍惜讀書的機會，也盡一切努力，希望女兒得償所願。

在新城市重生

　　小琴經常說自己活的很自卑。在老家，經濟狀況稍好一些的親生伯伯會看不起自己家；在外打工，由於一直從事保潔員、洗碗工這樣的服務工作，也總感覺得不到社會的善待，受到人們「歧視的眼光」。「特別是做清潔工，在他們眼裡好像你就是有什麼傳染病的那種，好像生怕挨著你的那樣，那些女孩子很那個的。」

　　有一次她給派出所辦公室做清潔。明明上班之前已經清理過了，幾個女孩子上班以後，把在外面打包的早餐帶過來吃，放兩三個飯盒就堆滿了，「丟滿了也不叫我去清，直接打電話給領導說，我沒搞衛生。然後領導去看，那個桶裡是滿的，我就怎麼也說不清，她就說我沒搞衛生。」

　　出門打工是為了掙錢，可除了開店的那幾年，小琴日夜辛勞還只是維持在溫飽的收入。

　　她知道自己文化程度不夠，年齡也大了，工作越來越不好找。她曾經想學電腦，轉行做文員，卻被丈夫勸住，「他說買個電腦要幾千塊，然後說沒錢，他的意思是，你要是在沒結婚之前學還可以，現在已經結婚生子了，主要是為家庭著想，怎麼樣把孩子帶好，那些學的東西好像就是跟我無關嘛！」一直到小琴獨自搬來深圳以前，她都沒有用過手機，因為丈夫認為沒有必要。而現在，她想學什麼依然得不到家人支持。「好像什麼希望啊打算都沒了，反正就是抱著做一天算一天的心態，然後現在你看我，我說我學一下

什麼，只要家人聽說就反對，就說什麼人都老了還學那個東西，學那個東西也是年輕人學的嘛，你只能好好賺錢，培養你的女兒嘛，讓她們去學。」小琴依然想學東西，也依然擺脫不了老家親人和朋友的品頭論足。

在深圳，家政類的工作最好找，也還有工廠招收40歲以上的女工，但一般都是招去做一些沒人做的粗活、重活。加班時間長了，小琴也受不了。即便如此，她還是要留在深圳。她說，「其實我也不知道（深圳）到底好在哪兒，它至少可以讓我生存下去。」如果再回湖南老家去，她已經不太會下地種田了。夏天的大太陽烤在身上的感覺，她現在想到都難受。

小琴·六約

Q：你的理想生活是什麼樣子的？

A：沒，沒有。但是我就一直不想打工，我是說我寧願
去擺個小地攤我都不想進廠。反正心裡一直，但是
又會被那個所迫（經濟上），對啊，然後一直還是
這樣，一直在進廠打工，其實我心裡一點都不願意
打工，我很想自己做點小生意都可以，然後也嘗試
過啊，做過小吃店啊，也擺過攤啊那種，然後呢，
主要是沒有錢的原因，你要做什麼都是要拿錢出來
投資嘛，然後拿不出本錢，再一個沒有幫手，我一
個人，因為那個力氣太單薄了，像做那些吃的，一
個人根本就做不了。

Q：有什麼愛好嗎？

A：我喜歡旅遊、看花啊那些，爬山還沒那麼那個，爬
山要體力，就喜歡拍照啊，看花看這些，看些東
西，像那天跟她們去爬那個梧桐山，第一次爬山，
我爬到半路中間我都打退堂鼓了，我說不去了，但
是在半山腰我一個人又不知道回來，然後還是堅持
下去跟她們爬上山頂，然後回來腿都痛了好幾天。

Q：去過的地方裡，最喜歡哪？

A：其實我很喜歡花都那邊，以前也去過一次，就是那

年那個製衣廠就是在花都，然後也一直沒去過了，就那邊很熱鬧很什麼的，那時候就是比這些地方要特別熱鬧一點，剛好是在縣城繁華的那裡。

Q：現在在深圳，多久買一次衣服？

A：很少買，偶爾買一件兩件買過，但是像我們這個經濟要跟他們那樣買是消費不起的，買不了的。買一件衣服，那就要去半個月工資了。像我們老是一直掙這麼一點，基本上都是拿個最低工資，都沒掙過大錢，就是在番禺那邊開個店那時候才賺了一點點錢，然後開了幾年存了二十幾萬塊錢，然後就回去建房子用掉了。向親戚再借了十多萬，一共花三十多萬還沒裝修，然後就建就用掉了，一直到現在，從來沒有存款的，有時候還要欠錢。

Q：你喜歡深圳嗎？

A：喜歡，所以現在我都不想回去，特別是過年，家裡好冷都不想回去。這邊天氣好好，像沒有冬天一樣，然後你買什麼東西都好方便嘛。回到老家，晚上一開門外面都黑黑的，又很安靜，我就喜歡住熱鬧的地方，然後太安靜了，如果說我自己家裡，以前我住的那個老房子，晚上很黑然後又有一些蟲子什麼東西，鳥啊那樣叫啊，我一個人我都不敢睡，我害怕了我要亮著燈，亮著燈睡，所以我一般在外

面租房子，我也要租挨著馬路邊或者熱鬧地方，她們有的人就說要住安靜的地方，免得吵，我就不行，我要相反。

Q：如果最終離婚了，你會再婚嗎？

A：我如果碰不到我自己中意的人，我寧願一個人過，因為我能獨立啊，我不像別人說很依靠男人，我從小就是獨立的，沒有，不依靠男人我照樣可以過，有可能我還過得更開心，更自由些。如果說有那個機會能夠再遇到一個喜歡的人，會再結婚，也有可能。現在只要我一提，我老媽她們家人全部反對，這些話我也沒地方說，從那以後我就有什麼事都是憋在心裡，都沒地方說，說了也沒人理解你，特別是現在你要是提出這個，別人說都大把年紀了，都老人家了，還提什麼離婚。你一說這個話，他們就覺得肯定是你在外面有別的男人了什麼的。結婚這麼多年了沒聽說，為什麼這個時候來說，直到現在他們家裡人都說我一直不跟老公在一個地方工作，要分開，就說我在外面肯定有別的男人了什麼的，他們都是這個想法。

■

江華

喜提POLO，
賺錢快樂

「他在廣州買了一套房，那套房子裝修的時候，瓷磚中間那條縫啊，都是用金塗的，真正的金喔，用那個金去塗的。

「你就想想，然後他那個別墅不知道幾千平方米，有四部車都是那種寶馬，那個跑車都是名車，他做化妝品直銷做起來的，很厲害。

但是他以前也是一個打工的，還說流浪過、睡過公園。」

江華（化名）是來自湖南邵陽的「辣妹子」。人們常說湖南出美女，江華作為辣妹子美女的代表，大眼睛、白皮膚，在人群中非常耀眼。她伶牙俐齒，非常愛笑，雖然已經40多歲，兩個孩子都開始打工賺錢了，依然十分注重保持精緻的外形——即便在家附近吃一頓簡單中飯，也習慣性蹬上一雙八公分的細高跟，再稍作一番打扮才會出門。她說漂亮不是給別人看的，漂亮可以為自己增加信心。

　　她曾經在工廠做女工，如今專職微商。在她深圳的家裡，堆滿了待售的幾大箱保健貼和家用拔罐儀。自用的臉部保養品也鋪滿臥室的化妝台。她對自己代理的品牌和產品效果很有信心，曾問我們要不要也加入她的代理。前段時間，曾經和她一起在工廠打工的老友來家中拜訪，對她家裡滿滿的瓶瓶罐罐震驚不已：「她說我一直沒有變，皮膚還是那麼好。她曾經也很愛漂亮的，現在（身材）變了形，臉上也很多斑。我跟她說（漂亮）女人是保養出來的。」

　　從家鄉逃婚、出走、流浪異鄉再度建立家庭、多年工廠打拚、加入微商……江華說起精彩的前半生卻用著一種淡淡的口氣，好像發生在自己身上的事情都順其自然、不費力氣。

領證當天，乖乖女逃婚

　　20歲時，家裡的親戚就幫著為江華張羅婚事了，但江華早就想離開家去沿海打工：「我說人家年輕人都去外面去了，我家就不准我出來。我爸說不會給你出來，他說你要想出去的話，除非你談了

男朋友，跟男朋友一起出去。」弟弟還在念書，家裡沒錢供她繼續讀技校，所以江華初中畢業就離開學校，幫著家裡幹農活。

父親忙著在外做建築工掙錢，無暇顧及家裡大小事，母親便授權舅舅為江華的婚事做主，舅舅也介紹過不少適齡的男青年給她。她初初聽話，凡介紹的對象都去見了，但心裡從未滿意過。有的男孩子在江華家表現得十分殷勤，回到自己家卻成了「甩手掌櫃」，什麼也不做；有的男孩子表面帥氣，相處一段時間卻暴露出暴力傾向，瞞著家裡在外打架鬥毆，甚至動手打過她，讓她隱隱害怕：「從小到大從來沒有人碰過我，沒有人打過我，我家就我和我弟兩個孩子，父母也不會那樣。」

江華在老家相親的最後一個對象，和她認識時還沒到法定結婚年齡。在兩家人的極力撮合下，江華雖然不喜歡他也勉強同意了。她成天在家裡哭，即便母親勸也沒用。除了難過，她更為無法決定自己的命運而生氣。等男孩到了法定結婚年齡那一天，家人商量著，兩人應該先去民政局領證，再回到男孩家裡過個生日，這樁婚事就算完成了。

「去了他家之後我找藉口，我就說我想我奶奶了，奶奶家正好在他家附近，我想去看一下我奶奶，她們同意了以後我就離家出走，我是這樣子離家出走出來的。我逃婚出來就一直沒回去。但是說實話那個時候我懷了他的孩子，我就自己跑出來了，跑出來了以後就在外面玩了幾天。」

江華在她領證的這天，懷著身孕逃離了湖南。她和兩個朋友約

定好，去了沿海城市汕頭，原本只是想出來看看，沒想到這一離開家，生活有了意料之外的走向。

「在汕頭時我想著找點什麼事情做，有一天剛好在逛街，旁邊賣菜的（我老公的小姨）看到我就問我有沒有男朋友，就開玩笑說給你介紹一個。我只是隨口一應說好啊，就這樣，她就真的是把我老公帶過來，就這樣子認識了。」

江華喜歡這個新認識的潮汕男人，她至今也覺得自己很幸運。原本打算打掉第一個孩子再嫁給丈夫，丈夫家裡知道後卻極力反對。「他們家裡人覺得打掉孩子可能會很難再懷上」，江華說：「我現在這個老公雖然說是他沒有錢，農村裡沒有錢，但是人特別好，真的是人特別好，然後現在對我兒子就像對自己的孩子一樣。」她在汕頭待了三年，和丈夫再生了一個女兒。「我（和丈夫）說，女孩子你還沒有看到那麼重，男孩子老是寵得那樣子，我說太寵了，他們真的，包括奶奶也是對我兒子特別好，那時候我孩子不知道嘛，這個人不是他親爸。」

兒子半歲時，江華自從逃婚後第一次回了湖南家裡，打算和老家的丈夫辦離婚。她出走後曾經寫信給家裡，謊稱因為踩單車摔了一跤，導致孩子流產。到了家，媽媽極力勸阻江華返回潮汕，希望她能和新的家庭一刀兩斷，留在老家「安份」生活。她才說出這兩年來的真相。「我媽一下子就哭了，就想著你能不能不要那孩子，你就不要過去了。那我也哭，自己都有孩子了怎麼可能不管了呢？」

好工廠高標準

　　等兩個孩子都長大了，丈夫來深圳打工，她也想出來工作。婆家雖然支持，但希望江華能把兩個孩子留在汕頭撫養。她一口拒絕：「我婆婆那邊孩子太多了，我的孩子老是被大的欺負。」在來深圳之前，江華把一對兒女送回湖南，請母親幫著撫養。26歲，她跟著丈夫來到深圳。

　　僅在湖南老家跟老裁縫學過一年製衣，26歲的江華去工廠應聘時，只能算新手。她對一家只招女工的電子廠有興趣，想試試他們的流水線崗位。但工廠的要求在工業區一眾工廠中屬於比較高的：「需要未婚的、25歲以下、高中以上文憑」，求職時還必須交給勞務公司最少300塊錢的介紹費。這三條招工門檻，江華都不符合，「搞得跟選美似的」，江華回憶。

　　為了能進廠，江華拜託爺爺去老家中學重新開了一張高中畢業證，「我上高中上了一個學期就不要我上嘛，我成績也還好，爺爺就託關係幫我重開了一張高中畢業證」；那時工廠區附近的馬路邊辦假身分證的也多，第一代身分證是用一張塑膠膜封壓的紙片，比較容易偽造。她託有經驗的朋友打聽，做了一張比實際年齡小五歲的假身分證，花了三十多元。

　　「那時（深圳工廠區辦假證的）需求量好大，好多人辦了假的進去。勞務公司的人知道我的情況，他說進去裡面你不要說你的真實年齡，他說誰也不知道你，確實沒有人知道，我在裡面待了五

年。」應聘這家工廠的過程中，她僅有一次被人質疑過身分證。初面通過後，她第二天再次進廠複試，就被保安攔下來了。保安說你這個身分證是假的，她一口咬定「什麼假的！」，從保安手中奪過證件就不管不顧衝了進去。因為這類辦假證的工人太多了，保安們有時也只好睜隻眼閉隻眼。

這家電子廠生產的變壓器產品上印的是英文，進廠的工人必須再進行簡單的英語面試。「面試時，那個人一見我的時候就說你是高中畢業，我說對呀，他說那你還能不能用英語來介紹我自己，我說能啊。我說我來自哪裡，幾點鐘什麼的都可以講，那個時候還好了，畢竟不是很嚴，他是只要26個字母認識就可以。」

江華因此直接被分到品管部，又稱QC。和流水線工相比，QC的工作強度沒有那麼大，主要工作內容包括用放大鏡等檢測儀器檢查流水線上完成的產品是否符合標準，再填寫固定格式的Excel表格。「我們檢查、抽查他們（流水線工人生產）的貨，流水線上的人我也認識，我看他們真的好辛苦，他們離開崗位都要拿一個離崗證，把自己的廠牌放在工位上，每一次不能超過10分鐘，10分鐘只能去個洗手間、喝個水，一點自由都沒有。你離開久了，貨會堆得太多。要想別人來代你一下，別人也不可能一直說代著你……」

日復一日的工作，輕鬆有餘，但過於波瀾不驚了。2008年，江華的女兒因為換牙而引起了嚴重的牙齦感染，醫生建議家裡帶孩子去廣州的大醫院做手術。此時對電子廠工作產生疲倦的江華，辭去工作，專心陪女兒在廣州完成手術。

潮汕婆家包括丈夫，對孩子的教育程度都沒有太高的苛求。在他們過去的經驗和傳統中，能掙錢的人才是贏家。江華一對兒女在湖南完成了義務教育，不願繼續讀下去，走正統的高考選拔之路。趁著女兒來廣州做手術的機會，手術結束後，江華和女兒達成一致，帶她回深圳一起生活。

　　女兒遺傳了媽媽的美貌。初中畢業時，還曾以良好的身型條件考上空乘[編註]專業技術學校，一個學期需要兩萬元學費和生活費。但後來她跟不上學習，和家人商量後退了學。女兒如今在深圳一家公司做前臺，業餘和朋友組了一個小歌舞團，偶爾接一些舞蹈演出的活，還積極參加藝術類的選拔比賽。

　　兒子在深圳龍崗的一家酒吧上夜班。他不愛交際，只喜歡在後廚切果盤。兩個孩子如今都獨自住在外面。

　　江華說起孩子，有些無奈：「你把他送到學校他要跑出去玩，你沒辦法的，你管不住的嘛，所以我也在想現在這個社會雖然說上學，上多一點，讀多一點是好一點，你發展起來也快一點，但是他萬一不願意上你沒辦法了，好像沒有上學的人，只要他頭腦靈活，做一點什麼事情可能比那些上學的人還會賺錢。現在只要賺錢就可以，賺了錢就比什麼都強。兒子不讀書，一家人的意見是『不上就

編 註

空乘，即空中乘務，亦指（民用）航空飛機上為旅客服務的人員（空乘員）。此為中國大陸用語，台灣一般稱「空服員」。

江華・官田村

不上，上什麼上，上不進去就不要上，不要浪費這個錢』，就這樣
一句話你看，氣得我。」

因街頭促銷加入微商

　　離開電子廠後，江華和丈夫做過小本生意，曾購置了20台電腦
在社區裡開網吧。但這盤生意不好做，一年左右就難以為繼，歇業
收場。那之後，丈夫重新回到工廠上班，她則去做過超市促銷員、
醫院病例掃描員。

　　2015年時，一次和朋友逛街，江華無意看見路邊一個攤位在送
免費面膜，她於是掃了微信號，領取了一張免費面膜。這個微信號

來自品牌的一位兼職微商代理，她的正職是普通的工廠女工，但會利用閒暇時間，在朋友圈發佈產品廣告，每成功一筆銷售，她都可以從中得到提成。這些廣告宣傳的多是自家產品的「神奇」功效。

因為過去在超市的工作，江華落下肩胛酸疼的舊疾。在這些朋友圈廣告裡，一款保健貼令江華產生了興趣，圍觀了幾個月後，她思考再三，從這個微信號裡買了幾百元的保健貼（保健貼單價6元／片左右），直接夠上了產品的代理門檻，成為品牌的代理銷售。

微商行銷伴隨著微信的使用者滲透而壯大。從2011年APP推出到今天，微信的月活躍使用者已經超過十億。微信通過社交分享的產品屬性，也滋養了行銷界，2017年已經創造出2000萬個就業機會，四年來翻了一番。2013年，一款「俏十歲」面膜把微信作為主力行銷管道，大獲成功，第一年銷售額即超過2億人民幣。有了這樣的先例，2015年，微商行銷迎來了全面爆發。

「微商」以海外代購、小商品零售和代理分銷最為常見。江華加入的銷售團隊即屬於代理分銷模式。在銷售鏈條中，等級越高的銷售代表拿到的產品採購價越低，一定時間區間內，達到一定的採購量就能升級為等級更高的銷售代表，每個銷售代表還可以組建自己的銷售團隊，從下線採購中再次獲得提成。

江華最初花了幾百塊買保健貼：「我心裡也在想一下子拿這麼多，等一下不好怎麼辦？後來我想，如果好的話我可以給自己父母用一點，因為一次性拿了多少你就可以代理，然後我就拿了自己用，每天堅持，自己看著上面的說明書天天貼，貼了半個月，這個

手真的，因為之前最多是這樣子抬著的，抬不上去，後面就可以這樣子抬上去了，我怎麼甩也不痛了，然後我就跟我老公說，我說真的好奇怪，我說真的不痛呢。」

她又把產品寄給丈夫。丈夫在工地做建築工，得了腰椎間盤突出症，「我就想想我說這個東西好，我說要不要給你試一下，然後我就給他寄一點回去，讓他貼一下藥，他貼了一個禮拜他說這個東西還有點效果，他說貼了以後挺好的。」

江華現在還在代理這款保健貼。她拿出產品介紹：「這個一袋一袋的。我當時是拿了六袋，然後哪裡痛貼哪裡，全身都可以貼。」

她從上線採購得越來越多。當不滿足於單打獨鬥，僅宣傳給周圍的朋友時，她找當初賣給她貨的人幫忙，進入了大大小小的微商學習群：「學習這一塊說實話不管是哪一方面的，我感覺我都好學，我都喜歡學。然後就進去（群）了，一看到那個氛圍……群裡面，都很積極向上的。並且我是進去那個群之後我也沒有發話的，我也是一直看，看他們所有的人在那裡聊天發話，然後聊的都是那些積極的問題，然後還會學到養生保健這一塊，我就心裡想說這裡面挺好的，因為誰也沒有理你，沒有說一定要你在裡面說話，沒有人去講你。」

兩年後，江華已經成了這個品牌的總代理商，在這家公司的銷售金字塔裡，這是僅次於董事、總監的等級，由此向下又分為轉銷商、批發商和VIP顧客。銷售保健貼讓她積累了一批顧客後，她繼

而代理了拔罐儀。這是一款需要充電的設備。從產品說明上看，這款設備男女適用，江華演示著儀器：「女性做臉部瘦臉，緊緻啊，提形啊！一般男的就是刮痧拔罐祛濕，疏通經絡嘛，風濕疼痛那些都可以（用）。女的瘦肚子瘦腰啊瘦腿都可以的嘛。」

她還代理同品牌一款泡腳機。在中醫理論裡，泡腳有養生的功效。無論保健貼、拔罐儀還是泡腳機，都不承擔類似藥物的治癒責任，他們都屬於養生保健的產品。這意味著行銷的藝術對達成業績很重要。

第一次走進人民大會堂

微商代理是江華收入最高的一份工作。除了自己銷售，從她這裡拿貨的批發商也已經達到30多人。這些批發商不僅自用，還負責在朋友圈做產品的分銷。她說，從她這拿貨的很多都是沒有全職工作的寶媽，但是堅持做下來的卻很少：「像我們現在走到外面去，很多人還是對這個微商有負面的想法，就說你們像傳銷，很多的，另外可能有一些女孩子就是堅持不下來，因為要堅持每天發圈（朋友圈）。」

她認為只要堅持發朋友圈超過半年，生意就能穩定、成規模，只是好多人都等不及。公司經常獎勵業績不錯的銷售員。2016年6月，她作為優秀銷售的代表，受邀前往北京人民大會堂參加新品發佈會。這對於江華來說是莫大的榮耀。她還帶了丈夫一起參加。

之所以請丈夫同去，是期望現場的體驗，能讓丈夫對自己的工作更有信心。那時丈夫對江華增加代理貨量頗有微詞：「他不是說不支持，他是想著貨可以拿一點賣一點，很多人都在想你壓太多貨賣不出去怎麼辦？我說你要想做生意，這個相當於自己做生意嘛，如果捨不得投資，那你永遠也做不到，就像外面擺地攤的速食店，你去炒米粉，開一個店鋪肯定比擺攤要賺得多，是這樣子的嘛，因為接的顧客多嘛，所以說不一樣嘛。批發商的價格永遠只能招到VIP，如果再招個批發商，你就賺不到錢了。」

　　「人民大會堂不是一般人能進去的。但是我們是公司邀請的，免費進去的。我把老公帶進去了之後，他看到那些場面，瞭解了，他就不說話了。」江華說。

　　江華的「上線」——一個85後總監「去年就在馬來西亞拿了兩套房，然後又拿了一部賓士車，今年才提的，50萬的車提出來了。他在海外那兩套房都是幾百萬。」江華當然羨慕，她希望有天也能達到總監的業績，拿到更大回報。

　　她不相信外界對壓貨的質疑，認為自己在做的是再正當不過的生意，量入為出，自力更生。擴大進貨量後，雖然尚未達到「喜提賓士」的層級，但她也收到了一輛市價十幾萬人民幣的大眾POLO車作為禮物，公司獎勵她過去三個月完成了十六萬的銷售額。

　　這輛車成了江華和全家想都沒有想到過的禮物。除了自己開始學車，她建議丈夫也去考駕照。丈夫嘴裡不說，心裡卻是滿足的。畢竟他自家的幾個兄弟都是農民，而他們的老婆也幾乎都是家庭主

婦，沒有獨立賺錢的能力。這一點上，他佩服江華。

熱愛白手起家的傳奇

　　江華不覺得自己多麼了不起。在自述中，她還沒有實現對自我的期許。一直以來，她內心佩服的人有兩個。一個是某化妝品公司的明星銷售，她記得住他，大概是因為他也是湖南人。江華曾經在2007年接觸過這家公司的化妝品直銷：「他老婆是江西的，他1985年的，挺厲害的，他在廣州買了一套房，那套房子裝修的時候，瓷磚中間那條縫啊，都是用金塗的，真正的金喔，用那個金去塗的。你就想想，然後他那個別墅不知道幾千平方米，有四部車都是那種寶馬，那個跑車都是名車，他做化妝品直銷做起來的，很厲害。但是他以前也是一個打工的，還說流浪過、睡過公園。」

　　這個明星銷售和自己的出生背景有相似的地方。她喜歡這個故事裡逆襲變富有的細節，雖然這些細節都是聽說的，她轉述出來時，眼裡依然閃著光。

　　另一個佩服的人是如今這家微商公司的一個85後董事。她描述這個年輕董事的奮鬥傳奇：「我上面一個女孩子，1985年的溫州人，她是公司的董事。人很漂亮，她老公家就是富豪，他自己家不是很有錢，但是相對來說比我們這些人有錢。跟他老公比起來就沒有錢，就（被）看不起，（她）在婆婆家裡一點地位都沒有。然後她自己開始學做生意，賣皮草。（她）以前在廣州開店，賣衣服、

賣鞋子、賣包包什麼都賣，也賺了一點錢，然後也是自己學著做微商。現在她的身價差不多上億，也挺厲害，一個女孩子。她在廣州有幾千平米的工廠，是自己的公司；然後她做我們這個品牌的董事，她在香港也有自己的工廠……所以現在做了三個品牌，她做得很厲害，所以我說最終的目標，現在想著能達到她那個程度就不錯了，她跑車好多，上個月到歐洲旅遊，給她老公買了一個包包，買個手錶十幾萬，她說還便宜，在國外買便宜，在中國她說要二十幾萬，不知道什麼手錶。然後她的衣服包包都十幾萬十幾萬的那種，在我們的眼裡她好像在炫耀，但是她平時的生活就是這樣子的，隨便吃一餐飯可能就是幾千的那種。我們每次去廣州她都會帶著我們去吃那些東西，隨便一桌飯都是幾千幾千，她是小意思，然後像她自己平時普通的衣服，一個圍巾都是四五千，一個皮帶都是七八千，隨隨便便的，她們那種品質的生活不一樣的。」

後記

　　微商作為新興的職業種類，近幾年才在中國發展起來。雖然加入的人越來越多，但關於微商操作的規則邊界，還未有足夠清晰明確的制度加以限制。江華是探路者中的一員。

　　她提到了被稱為「成功學大師」的陳安之，這個擅長用激昂的演講售賣成功學課程的話題人物。江華沒有親眼見過他，但是在網上看過他的銷售課影片。她說最初聽到的時候，真的很激動。但是

江華・官田村

　她所在的公司不流行激情的口號文化，也不特別鼓吹正能量的精神
激勵銷售法則。每次看完這類激動人心的影片以後，她還是會冷靜
下來，自己好好想想應該走的方向。

　　如今江華20歲的女兒也在做微商。最初她只賣一些單價低的彩
妝品和美瞳，最近跟隨媽媽加入了養生產品的銷售大軍。她還給女
兒報名了公司的代言人選拔。成功入選的代言人可以獲得獎金和免
費旅遊，還有機會被公司包裝成明星。女兒很爭氣，在800個報名的
女孩裡脫穎而出，進了20強。

Q：你的微信裡現在有多少好友？

A：一千六百多個，也不多。不多，人家微信的是五千人，五千上限那個，我的不多，因為我說實話我還不是隨隨便便去加人，我也不是只單純加，你看那些群裡面，群裡面的那些我從來不是說加人的，基本上是別人加我我才那個，我不會說只單純那種，那種就很反感了。有一些微商他一天發四五十條（朋友圈），那些就是刷屏一樣的，我看到那些我也會那個，但是我每天是控制在二十、十八，十八條以下，因為我的好友有這麼多人嘛，我都是控制在十八到二十以下。然後像他們那個好友有個800人的話，他一天都是十四五條，就這樣子。但是十四五條都不一定全是廣告嘛，像你看我的都不完全是廣告，還有生活上的，曬曬自己的生活真實一面，讓別人相信你。所以說做個微商其實比淘寶還更可靠一點。

Q：網吧開過，微商做過，但什麼時候最早想到自己做生意？

A：其實腦海裡面是有想著做生意，包括我在老家十多歲的那個時候學裁縫的時候，我是想著要自己做，

我學裁縫做衣服，設計、裁剪我都會，從一塊布拿回來做成成品我都會做的，然後就是在家裡待著沒事做，又不讓我去外面打工，就在家裡待著，真的很無聊，我也要自己去找店鋪，沒錢啊，那個時候投資一個店鋪要四千塊錢，我爸不同意，我說你給我做一個桌子，做一個櫃子嘛，可以放東西的，我說我自己去搞那種，那個鋪面好像幾百塊錢，一兩百塊錢的鋪面，家裡人不同意。

Q：你有對目前工作的三五年規劃？想做到什麼程度？

A：總監。我可能想著兩年以內達到總監，兩年內達到總監，能在這邊（深圳）自己買一套房。我每年都會自己給自己定一個目標，看看明年或者兩年內，能不能在這邊拿一套房，我的總監說你肯定可以的，你要相信你的，你看你去年定的目標，今年多早就完成了？以前說實話打工的時候從來沒想過、不敢想，你看我打工，我老公在那個廠上班才三千塊錢一個月，還一天上12個小時，每個月還沒得休息。

Q：對公司的發展有信心嗎？

A：1987年公司就成立了，它做這個美容行業已經做了18年，所以我瞭解了這個公司之後，沒有懷疑。還有一點，就是我有想過這個，就算公司它不做了，

倒閉了，那我這個貨還在嘛，它又沒有騙了我什麼，我有貨在這裡，大不了我把這個貨賣完了，我就另外再改行也可以。再加上它有一個權威性嘛，包括明星我們也見了，我們也合影，然後去到人民大會堂，還有中國國醫大師都有……很多的報導。

Q：每個人心裡都有對各種價值不同的排序。對你來說，最重要的東西是什麼？

A：自尊。以前覺得自尊很重要；但是家庭吧，其實女人最終的目的還是想著家庭比較重要一點，但是如果想要家庭好，肯定就想著怎麼樣才能讓家庭更好呢？你沒有錢、沒有什麼的，那就沒辦法；所以說了要身體好嘛，身體好一家人平平安安什麼的，簡簡單單也可以；如果達到了這些，那誰都想著要再好一點就是有錢啊。如果像以前一樣，沒有這些際遇，兩個人真的是窮，很窮啊，家裡窮的有時候感覺好像別人家都生活得好好的，就你這，但是他人好，一家人不吵不鬧也可以。其實每個人都會有不滿足，那兩個人好的時候就想著沒有錢，錢多一點的時候就有些人又想著身體會不會更好一點，就像我們現在有點錢就想著要不要去哪裡玩一下，要不要吃得好一點。要特意的選擇哪一個，就很難選。■

生於八十年代

她

Her Story

書尾

我從未把深圳
當成家

書尾養的豬害了奇怪的肺病，在
豬圈中相互傳染，豬仔病的病，
死的死。

她去當地獸醫站找醫生，獸醫告
訴她打一針需要60元，而那些開
的藥後來發現是過期藥。

書尾說：「我發現不了是什麼
病，如果只是感冒發燒還有可能
控制一下，但是如果是肺病，沒
有專業知識根本沒有辦法。」

書尾姓陸，工廠裡的人都叫她老陸。她不喜歡自己的本名「書尾」，這不是爸媽給她的名字。1983年出生的時候碰上湛江當地人口普查，因為超生，又作為六兄妹裡最小的妹妹，她的戶口被姐姐拿去登記了。普查的官員「隨便」登記了一個名字給了她。

　　「在工廠裡，你說我的全名可能找不到我，但是叫老陸很多人都知道。」書尾說。

　　書尾皮膚黝黑，髮絲粗糙。她二十年前就外出打工，中間又有十年回到老家務農。這二十年裡，她在老家和廣州、深圳之間來來回回，成了家裡兄妹幾個中最折騰、最奔波的一個。但每次離家，她都目標明確——賺錢，攢錢，再帶著攢下來的錢，回老家蓋房子、或更新務農設備。她從不期望打一輩子工，也沒有在深圳定居的念頭，深圳對她來說只是一座加油補給站。老家有她的孩子和家人，那裡是她的根基。更重要的是，那裡還有好多可能性等待著被實現。

為更高的薪水周旋於工廠間

　　話題才打開，當書尾被問到初次打工時家中的情形，便忍不住哭了。她最不願意回憶的就是身世。書尾的記憶中並沒有爸爸。爸爸在書尾還很小的時候就病逝了。9歲時，媽媽也因為一場大病離開人世。孤兒兄妹的童年，更依賴大姐的細心照顧，哥哥則在別人家寄養長大。「我媽媽活著的時候，我已經是靠大姐在照顧了，她（大姐）對我，比爸爸媽媽負責得多。」書尾哽咽。

書尾是家裡唯一一個讀完小學的孩子。在她的老家，一個家庭如果經濟條件不許可，通常哥哥姐姐會提前輟學、工作，供更小的弟妹讀書。雖然當時全家齊力支持書尾求學，但讀到初中時，一個月上百塊的開銷還是讓書尾內疚不已，她總是想「一個孤兒靠別人資助，心裡還是不好受。」和大姐溝通後，書尾初二那年輟學了。大姐又繞了好幾層關係，託付遠房親戚，安排書尾去廣州增城一個做相框的工廠打工。

　　增城在廣州的東北面，1999年它還屬於廣州市代管的一個縣級市，新興的工業區和農田比鄰。書尾初中肄業，又不到國家法定就業年齡，若不是去這家老鄉開辦的工廠，她找不到更合適的工作。當時，相框工廠日薪10元，提供宿舍和食堂，每頓飯額外需再付1元。初入社會的書尾要求不高：「那個時候小孩子，感覺好玩，崗位也不算流水線，我還是個打雜的，什麼都幹，也不累，就感覺很自由。」

　　新鮮感充斥著最初半年的打工生活。在這家工廠，她也認識了一些朋友。半年後，有工友問她是否有興趣離開增城，轉到東莞一家工廠打工，日薪能提高到12元，還有很多加班的機會。加班意味著每個月能拿到更多的錢，書尾算了算，如果去東莞做，每個月到手的工資能比現在多200元左右，這是個不小的誘惑。

　　「我有一種好奇心，而且（東莞工廠）工資高，那時候吃泡麵是5毛錢一包，現在是5塊錢一包。所以我就跟著他去了，那時候他18歲，我17歲了。去的時候我心裡想著哪裡工資高我就去哪裡，在

東莞我幹了一年多。」

這家東莞工廠生產汽車燈，書尾不知道它們最終會用在哪些品牌的汽車上。她做事勤快，老闆給她加過一次工資，日薪提高到了15元，然後又把她從雜工崗位調去流水線測光。測光這道工序需要工人從一批燈泡中挑出亮度過亮的那些進行調校。書尾剛到這個崗位，因為強光太刺眼，工廠又不提供工業眼鏡，便常常閉著眼睛偷懶。偷懶多了被發現，老闆娘和主管輪番指責書尾。書尾並不服這口氣，因為這件事她辭了工。

離開車燈廠後，書尾曾經搬到江門，做了半年五金封箱。在那裡，她需要把生產完成的五金衣架擺放到指定的紙箱裡，再封裝完好。回憶那時，她依然覺得「好玩」，「那時候我們做這道工序的人年紀都差不多，經常比賽封箱，看誰快。」

四年下來，她換過好幾份工作。她既待過親戚介紹的工廠，也自己找門路應聘過。相比去親戚介紹的工廠，書尾更喜歡去誰也不認識的工廠工作，「和親戚打工，說實在的，很壓抑的。和我同時進廠的工友，加工資的時候就比我加得多，難道是因為我幹活少嗎？在沒有熟人的工廠工作，我感覺更自由，最起碼可以憑自己的努力，拿到相應的工資。」

這四年，書尾住過五個城市。在交通便利的珠三角，換城市不過意味著一張單程車票。

2003年，書尾20歲了。在適婚的年齡，書尾經家人撮合，和同樣在外打工的同鄉確立了戀愛關係。男朋友當時在順德，為了在一

起，書尾辭去了在深圳電路板廠的工作，前往順德。這時候算上加班工資，書尾的月薪已經漲到了900元。也正是這一年，他們決定回鄉結婚，然後丈夫回到城市繼續打工，書尾留在老家務農、和公婆一起住。她原以為婚後將告別外來打工族的身分，開啟以家庭為核心的新生活。

勤勉農婦難擋天災

回到湛江老家，書尾最初種豆、辣椒和熱帶水果。那裡種植的蔬菜，冬天供應給北方。「比如5、6月份開始種下去，下半年10月份就收穫辣椒了！」書尾說。湛江雖在行政區域劃分上並不屬於海南，但地理位置非常臨近。蔬菜一旦打上「海南種植」的標籤，在市場上的價格會更高。書尾自然也這麼幹。

貌似忙碌充實的農活，帶來的收益卻不甚理想。種植業變數太多了：「這樣說吧，我們那裡都是看天吃飯的，我們那裡颱風又多，如果你種下去的東西，遇到颱風的話是顆粒無收的」，「（所以）我老公那時候就到外面去打工，如果不這樣的話，家裡面收入太少了」，書尾說。想到在老家務農的那段時光，她又忍不住眼睛泛紅。

颱風年年光顧，比天災更無奈的還有謠言。「2007年那時候新聞都在說蕉癌，我們鄉就出名了。以前北方的大老闆到了收穫時節，都一火車一火車來拉香蕉，那時候突然他們都不來了，很多人

種香蕉都是抱著那香蕉樹頭哭的，他們後來就拿香蕉去餵豬。」書尾說的「蕉癌」事件，起因自2007年從廣州《信息時報》發布的一則消息。新聞稱廣州本土三成香蕉感染罕見「巴拿馬病」；在媒體的轉載和討論後，消息進而擴散為香蕉產業的「非典」，有稱「人食用海南香蕉後會致癌」。那年，海南香蕉的收購價從每公斤3元急降十分之一，香蕉產業遭受到前所未有的重創。書尾只好慶幸，至少丈夫還在外地打工、貼補家用，不致家中彈盡糧絕。

新婚後，書尾三年裡生了兩個孩子。她也想給家裡多增加些收入，決意除了種菜，再做點什麼別的生意，便動了養豬的心思。她因此無暇照顧年幼的兒女。因為介意養豬的家庭環境對孩子成長不利，大女兒還沒學會吃飯，書尾就把她送去全托幼稚園，接著小兒子也是如此。母親每天在家卻不照顧孩子，這於當地傳統是件怪事。鄰居不能理解，常常問她「書尾你有這麼忙嗎？」書尾很少回應這些質疑。家庭中的壓力，如人飲水，冷暖自知。

養豬的本錢就是借來的。而老家因為年年遭遇颱風，書尾原本住的瓦房再難以為繼，2011年她又迫切需要蓋新的磚房。當時新聞裡承諾的政府扶貧基金她沒有拿到，她不知道為什麼自己的家如此不堪，也沒能符合被扶貧的條件。但房子再不能住人了，於是她重新找人借錢、蓋房子，房子蓋好了，也沒錢買家具。兩筆外債成了她和丈夫肩上的兩座山。

她太想通過養豬改變家裡的經濟狀況了。2008年她買來兩頭母豬，第二年母豬健康生產，除去飼料和場地的成本，書尾掙了三萬

書尾・湛江

元。穩定的收入持續兩年後，她算了一筆賬。如此每年淨收益3萬元，和在外地打工差不多。「如果你想養家糊口的話肯定要擴大，不擴大的話肯定沒啥意思」。所以從第三年起，書尾逐漸把母豬的數量增加到十頭，當母豬生產時，豬的總數量便達到100頭。數量龐大的豬仔，一個月光吃飼料就超過了三千元。書尾這才發現，「擴大以後成本就控制不了」，家中存款無法周轉養豬的開銷，於是書尾再去親戚家借錢買飼料，「人家說看我這個人老實，給你借個幾萬塊，不可能給你借多，是不是？」而一旦飼料的資金跟不上，麻煩就來了。

第四年，書尾養的豬害了奇怪的肺病，在豬圈中相互傳染，豬仔病的病，死的死。她去當地獸醫站找醫生，獸醫告訴她打一針需要60元，那些開的藥後來也發現是過期藥。書尾說：「我發現不了是什麼病，如果只是感冒發燒還有可能控制一下，但是如果是肺病，沒有專業知識根本沒有辦法。」

她有感於當地醫療條件的匱乏，和自己知識技能的局限，預感到局面將無法控制。於是在事情沒有發展到最壞時，她把家裡尚健康的豬全部變賣，把收益還給債主。

為了還清剩下的債務，養豬風波後，書尾再次踏上了外出打工的路。她把孩子留給公公婆婆，投奔在深圳打工的丈夫，在他隔壁工廠找了份工作。為了省錢，他們分別住在各自工廠提供的宿舍裡，每週只在假日見面。

書尾的目標是每年攢夠三萬元，這樣除了還老家的債，還可以為新家置辦一些必須的傢俱。按她當時的計畫，自己和丈夫每個月能攢下一半的工資，再在深圳打工五到六年，她就可以再次回鄉了。

報課程成為電商菜鳥

歸根結底書尾還是想回去。但她知道如果不提升自己的技能，回去再用傳統方法種地、養豬，結果並不會比當年更好。務農十年教會書尾科學的重要性。「我現在在學電商方面的知識。」書尾說。「我們那有一個老頭，應該有60多歲了，他種黃瓜，我帶著小孩跟他去買菜，他就拉著滿滿的一車黃瓜去賣。在菜市場，人家問他一句話，今天賣了多少錢？他來一句，『一個閹雞錢都沒有。』農村裡面的這些人好多，一車黃瓜，一個閹雞，你想一下，一個閹雞多少錢呀？」

書尾解釋：「一個公雞不是一百來塊錢嘛，最多兩百塊，再高

檔的三百塊，二三百塊。你看辛辛苦苦一年，一車東西才換300塊，成本還不算，為什麼說現在農村沒有年輕人？第一個在銷路，第二個在技術，是吧？我們農村裡面很多技術都不到位的，都是靠自己去摸索的，養豬就不說了，就說種植，你看我們那是多好的場所？我們是熱帶地區，如果勤快的話，鳳梨一年可以種三季。蔬菜就更不說了。可種出來怎麼樣呢？去年的鳳梨一兩毛錢一斤，今年稍微好一點，是不是？那些菜農，比如我公公婆婆就種地嘛，種韭菜，一片幾畝地的韭菜沒人要，割了丟在大馬路上，一馬路都是的。我們如果能找到合作的生意人就好了。」

她在深圳待了幾年，很愛看各種新聞。比如她知道現在深圳很多大學生創業，對信用合作社的合作模式也很感興趣。她說，現在的自己如果兩手空空回去，或許過兩三年還會出來，「沒有錢你活不下去呀，對吧？你不可能就說你種出來的東西賣不出去，所以必須要出來啦，反反覆覆的話，說白了就是永遠是打工的命。」

她通過深圳工廠的工會組織，報讀了電子商務在職課程，課程為期兩年，每週日全天上課。課程結束並通過考試後，學員即可拿到等同於中專教育等級的文憑。兩年裡她需要學習網頁設計、淘寶營運等知識。課程目的是培養網店店主，學生畢業後可憑一己之力開設網店。

由於是以工作外的碎片時間學習，書尾總覺得最大的困難是時間不夠，「有時間的情況下，你摸多了就不難了，現在是沒有那麼多時間去摸，是吧？不管做什麼事情，你天天做、天天做的話，再

怎麼難的東西你都很好的吸收了，是不是？就像我們在工廠打工一樣，這個感覺很難，那天天叫你做，閉上眼睛你都會呀。」

不過自從學了電商，她上網熟練多了。如今書尾已經習慣躺在床上下單，在網上購買幾乎所有的生活用品。她對網購非常自信，更常常因為分享網購好貨給朋友，而被朋友看中，要求書尾代買。

一次書尾和工友一起逛街，店裡在賣一件99元的衣服，和自己最近在網上買的165元的衣服很相似。她最初心裡還有小疙瘩，心想不會買貴了吧，但摸了衣服的材質她才發現和自己網購的完全不同，「店裡這件的品質就是送給我，我還不要呢！」

書尾介紹現在腳上穿的鞋，售價60多元。工廠裡兩三個工友聽了她的推薦，都跟著她買了同款。

有一天我要開間淘寶店

閒暇時，書尾愛在網上逛逛淘寶社區，看看別人都是怎麼在淘寶做生意的；更一心想著去農村淘寶開個小店，把老家的農產品通過電商平臺賣到外地。在老家村裡，至今還沒有一家人在網上賣過東西。如果開店，物流是最大的難點，農作物的保鮮問題也十分棘手。

暫不能解決物流和保鮮問題，也找不到合適的同伴入夥，開店的計畫被無限擱置。但她很樂觀，那些學到手的電商知識，即便不能被原樣複製，也至少啟發了她很多繼續做生意的想法。比如，即

便哪天回家養雞養鴨，她也打算自己去拓展生意，直接和縣裡的餐廳談供貨，以減少中間商差價。

「我昨天看到新聞，一個撿垃圾的阿姨，她拿著手機，你知道她幹嘛嗎？人家就是那些不用垃圾的，她就送來給她，她說我加一下你的微信。為什麼？下次不用你來了，我直接上來收，這是一個很好的點子，是吧？如果像我們是農村的，我們東西多，如果把這種思路把它運用上來，你看，你城市裡面也吃不到好的東西，我加一下你的微信，我把我這個東西發到你那裡去，你看我這裡有什麼東西，你要不要？我送過去給你！」

這個新聞讓書尾想到，自己是不是也能利用類似微信等新溝通工具，改變傳統的交易模式，「有時候你說你學的東西不一定用得上，不過你的思路還是用得上的，是吧？人都是活到老，學到老，就是這樣子。你學多了，那個思路是開通的。」

她一直在等著意外的機會，比如期待有一天會像新聞裡說的那樣，自己村裡經營的特色農業被大學生創業團隊看中。那時她一定會第一個敞開懷抱和大學生合作：「我家就是一個點，我現在建了房子，在路邊，是不是？我可以掛個牌子來，或是哪戶人家願意搞合作社，就可以用得上了。」不論在流水線上工作多久，書尾都沒放棄過做生意的想法，丈夫雖然沒她想得這麼多，也一直支持她的各種決定，最多會在書尾偶爾想去大額貸款的時候，稍稍拉住她，克制她的衝動。她對生活有很多主動改造的意願，幾次現實的變故，都只是給她的創業路按下了暫停鍵而已。

不忍讓孩子成為留守兒童

討生活的路上走得再快，書尾也始終是那個會為孩子牽腸掛肚的母親。她的手機裡保存著很多孩子的照片，她每天和孩子打一次電話，問問他們的學習和考試成績。採訪時，書尾正在一家需要倒班的電子廠工作。如果上白班，她一定會在晚上給家裡打一次電話。兒女的話題讓她再次忍不住，眼淚奪眶而出。

乖巧的女兒常常在電話那端對她說，「媽媽，我想你了」，書尾揪心，只好順勢安慰她：「小兒，你趕快睡覺啊，夢裡見我啊！」女兒卻告訴她，「我不會做夢。」

書尾日常也很關心留守兒童的新聞，這些新聞會讓她不自覺想起自己的孩子。雖然她也很想和孩子們在一起生活，但過去在家中務農的經歷，已經被證明不能為家庭帶來穩定的收入。從老家再回到流水線上，是一個無奈的選擇。她不得不和孩子分隔兩地，維持生存。

根據國家統計局的資料，2017年中國城鄉居民人均可支配收入比為2.71：1，1985年這一收入比為1.73：1。城鄉收入逐漸擴大的差距，使農村人口向城市流動成為社會常態。外來打工者的子女受戶籍制度的限制，大多留在戶籍所在地，也就是老家農村就讀公立學校。無奈不能在父母的陪伴下接受教育和成長。

2018年《中國留守兒童心靈狀況白皮書》提供了另一組資料——40%的留守兒童一年與父親或母親見面的次數不超過2次，約

20%的留守兒童一年與父親或母親聯繫的次數不超過4次。

「我兒子其實很聰明的，不過畢竟還小，沒有在我們身邊，我還是有點擔心他以後的路。」她拿出一張7歲兒子光頭的照片，笑容回到她的臉上：「剃個小光頭我也意想不到的。有次清明節回去，他快上學了。我就帶他去剪頭髮，沒想到剪得太短。他說剃一個光頭變成光頭強啦。我說摸摸，這個就是光頭強。他來一句，『我的頭可以洗衣服的。』不是有點刺手嘛，可以洗衣服的。」

後記

採訪結束幾個月後，2017年底，書尾就再次返回湛江老家，比她原定的返鄉計劃早了不少。她心裡始終背負著未竟的使命：「畢竟不是還欠親戚的錢嘛，你不可能一直欠人家的東西嘛，雖然這個不急，你心裡面多多少少也要想著，也要把這個事情做一做啊」。她還說「人家幫你，你不可能就把這個忘掉吧，你要想辦法把困難度過，還回去」。

書尾回湛江後賺的錢不如在深圳賺的多，但她也不用再為一對兒女遙寄思念了。她在老家繼續種水果，還開了一家主營燒臘的小飯店，每天從早上五點工作到下午兩點，整個上午你甚至聯繫不上她。她真的開始在微信的朋友圈裡賣新鮮水果了，沒有中間商賺差價，向客人承諾「下單秒發」。

書尾・湛江

Q：如果在老家務農和在深圳工廠打工掙到的錢一樣
多，你更願意在哪邊生活？

A：說白了，如果一家人能在一起，我哪裡都願意，說
實在的，辛苦我是不怕的，哪裡都會辛苦的，就說
看你的想法一不一樣，有時候辛苦也是一種快樂
吧。現在的情況，因為我不能帶著戶口來這裡，我
肯定是選擇回去的，是吧？如果我能選擇帶著戶口
來這裡的話，我肯定會選擇這裡，因為怎麼說呢？
畢竟外面的條件很好，對我們下一代是很好的，是
不是？問題就是我在這裡工作了那麼多年，就是再
工作十幾二十年，我還是沒有能力把我家人帶出
來，那些小孩啊什麼之類的帶出來啊，我沒用的，
是吧？

Q：有些人開網店很成功，你想過自己也能複製這種成
功嗎？

A：說白了，人家成功並不代表你能成功，那個畢竟是
人家的故事，不是你的故事，是吧？最起碼你要走
出來才是有用的。畢竟每個人的條件不一樣，他的
極限都不一樣，說不定你在深圳這邊你會成功，在
鄉下不一定，因為有很多阻力的，是不是？第一

個，農村裡面你交通不方便，是吧？還有物流啊什麼都不允許呀，本來你看，一塊錢的東西，運費你要兩塊錢是吧？你加錢3塊錢，誰要你的東西呀？你在深圳的話你看，我1塊錢的東西我就賣1.5元就行了，我可以直接送給你呀，我直接送過去，我路費就可以省下來了，是不是？所以說這個還是難題的。

Q：上了電商課程，除了開網店，還有什麼別的好點子想去做嗎？

A：暫時還沒想到。不過如果你們有什麼好的建議可以提醒一下，畢竟出來外面，我這個人很樂觀的，很喜歡交朋友，最起碼你這個人走出去的話，聽的東西和看的東西，它是有更新的，你一個人有再好的點子，沒有與很多人去共用，也是沒用的，是吧？一旦共用了以後，大家認可你這個人了，認可你這個事情了，你就很好做。

Q：你期待自己的孩子將來過一種什麼樣的生活？

A：過什麼樣生活，我要求不高，只要你過得快樂開心就行。其實要求太高的話，說實在的，現在我要求我自己要求那麼高，能做得到嗎？做不到啊，很多東西往往都不是你想像中的，是吧？不必要那麼苦自己的，是吧？我女兒成績好一點，我兒子的成績

很差的，你知道考多差嗎？兩科加起來100分。我說你比以前進步一點點就行了，我要求不高。我說，你做姐姐的你要把弟弟帶好，他考得差沒事，只要他學會東西。

■

她

Her Story

丁當

按常理做社工，
我早就死了

當時村裡有個女孩，在深圳電子
廠打工的同時也學習電腦。

「這件事轟動了村子……大家都
覺得，哇！你看她不用念書，還
能學電腦，她成了留在村裡的年
輕人的一個榜樣，人們都覺得那
個女孩好厲害，而且她每次回
家，都穿的很漂亮。」

丁當也想去深圳，成為這樣的人。

「你們覺得丈夫強迫妻子性生活算家庭暴力嗎？」、「你們知道在哪裡可以免費領取避孕套嗎？」丁當問在座的女工們。一陣沉默後，她們開始大聲討論。

2017年四月的第一個星期天，天氣不錯。在一家社會工作服務中心，七個女工參與了這一期的「普法」學堂（法律知識普及推廣），丁當自己做主講人。她高高瘦瘦，一頭俐落的短髮，穿了一件到膝蓋長度的牛仔窄裙。她說話時自帶感染力，吸引全場朝她望去。

社會工作服務中心剛搬來這個外來工社區（牛屎埔居民小組）不久。丁當租了一樓的一大間辦公室，自己也順便搬來社區住。這片區域工人多，所以週末特別熱鬧。此時幾個孩子在大廳翻看書架上的圖畫書，門外三個女工在家門口做一些計件的手工活。每週日下午這裡都會辦「普法學堂」，規模不一——丁當自己或機構義工定期為社區女工普及健康、法律和公共政策知識。即使這一天是女工們難得「周休一日」的假期，她們還是提前半個小時就來了，圍在幾張桌子拼成的檯面前，還架起了白板，把學堂主題和概要提前寫在上面。那些常來學堂的女工們彼此都很熟悉，來得少的女孩子話少一些，但也很投入，零星加入討論。

普法學堂受女工歡迎，和丁當的精心策劃分不開。比如《反暴力法》剛出臺的時候，丁當請了專業的律師來講課；講乳腺健康時，她邀請了粉紅絲帶的朋友來。學堂沒那麼嚴肅，它更像輕鬆的沙龍，圍爐聊天，自由討論居多。

丁當是服務中心的創辦人，也曾是一名女工，1988年出生於甘肅天水。她14歲輟學外出打工，16歲南下深圳，18歲加入了工人NGO，成為機構的全職社工。27歲時成立中心。憑藉機構在深圳女工群體中不斷擴散的影響力和自身逾十年的社工經驗，丁當已是公認的NGO領袖──女工們說丁當是「女強人」。

　　已經接受過太多次媒體訪問的丁當，總是能流暢地說出記者最想聽到的故事。可我們還是拉著她聊了兩個多小時。這次我要聽不一樣的她。

乖乖女遵守約定輟了學

　　喜歡打掃家裡的院子，從未出過遠門，連偶爾去舅舅家睡一晚也要哭很久──乖乖女丁當，童年做過最出格的事是和同村的孩子打架，鬧得遠近皆知。她說這和天生的急性子有關：「我的脾氣和媽媽很像」。她承認自己有兩面性格，是家裡最會撒嬌的小孩。爸媽之間的關係，她看在眼裡：「家裡的大事，我爸更多躲在後面，都是我媽出面，什麼爭地、爭那些東西，很多權益性的東西或很多事情，我媽會衝在前面，我媽得罪很多人，嗓門大，外面需要擋什麼事情的時候，都是我媽衝出去，但我爸就是在所有人眼裡，那種人很好的感覺。」

　　小時候的丁當不喜歡媽媽，嫌她嘮叨；再大一些的時候，她又覺得媽媽的強勢和掌控代表著一種力量：「家裡的事都靠媽來

撐。」爸爸雖然對小孩很溫柔,小時候會給孩子們做玩具、也熱心幫助村裡人,「所有人都當他是老好人,但爸爸並不擅長管理家裡的土地和儲蓄。」四個孩子中的兩個女孩,就因為當年家裡拿不出錢來,無法繼續讀書。丁當一直介意自己是因為家裡窮而輟學。

她14歲輟學。四兄妹中她排行第三,姐姐為了不給家裡增添經濟負擔,早早已經出去打工,那年大哥又考上了高中。父母曾經表態過,大哥和丁當,誰考上了高中,誰便繼續讀,另一個需要輟學去工作,貼補家用。大哥考上高中那一年,丁當連中考^(編註)的年紀都沒到。即便丁當從小讀書成績就很好,她還是決定信守承諾,不再繼續讀書。

丁當說:「在我們家裡,姐姐和弟弟關係好,我和哥哥關係好。我小時候喜歡寫作文,也常被誇獎,哥哥就是有種文青的感覺。」哥哥如今大學畢業在上海工作,從事建築行業。丁當形容哥哥很像《平凡的世界》裡的孫少平,「感覺他現在生活壓力、工作壓力特別大。」

姐姐當年透過家鄉的打工中介去了深圳。丁當16歲的時候,也跟著姐姐南下。她說:「我們那裡的人因為很多時候家裡沒有錢念

「中考」,即中國的初級中等教育畢業考試,是高級中等教育學校(普通高中、職業高中和中等職業學校)的招生考試,也是中國重要的全國性考試之一。應試者的年齡大部分是14、15歲。

書，那些女孩你不能老是在家裡待著，你要想辦法賺錢，讓家裡面可能生活有多一點生計來源。所以我們那個村裡面有一個女人，做專門輸送女孩子去南方打工的中介。每介紹一個女孩去工廠，女孩需要給她大約300塊錢。」

當時村裡有個女孩，在深圳電子廠打工的同時也學習電腦。「這件事轟動了村子。」丁當說。「大家都覺得，哇！你看她不用念書，還能學電腦，她成了留在村裡的年輕人的一個榜樣，人們都覺得那個女孩好厲害，又可以上班賺錢，又可以學東西，而且她每次回家，都穿得很漂亮。」丁當也想去深圳，成為這樣的人。

後來，她真的去了那女孩工作的電子廠。

那家工廠有圖書館

丁當來深圳之前，曾在蘭州的一個生產輸液器的工廠工作了兩年。這兩年的工作讓她很難忘：「這是一家國企，沒有老闆這個說法，那裡最大的管理者叫主任。車間裡面現在叫什麼主管的，當時我們都叫師父，相當於師徒制。那時我們都抱著學東西的心情在工作，很互助的感覺，姐妹間的感情也很好。」蘭州的第一份工作，給丁當留下溫暖的印象，也讓她在初抵深圳的那一年感到了強烈的對比。

「（到了深圳後），我先去了一家港資的文具廠，最初我連工廠裡的廣播都聽不懂，因為是用廣東話的，廠裡使用的文字也是

繁體。同事中還有很多湖南人，湖南人說的普通話我也聽不懂，我沒辦法和他們溝通。」溝通不順利，工廠的軍事化管理也讓丁當感到難受：「你去洗澡，桶放在哪裡，衣服掛在哪裡都有規定，如果沒放對，組長會罵人。這和上一份工作很不一樣。」因為孤獨，丁當轉而把快樂寄託在讀書上。文具廠開放一些繁體字圖書給工人借閱，那二三十本小書雖然是繁體的，丁當也硬著頭皮讀下去，今天她看懂不少繁體字，也拜這段經歷所賜。

　　一年以後，姐姐當時工作的美資工廠開始招人了，丁當堅決地跳了槽，因為那家工廠有一座圖書館，也因為它就是當時在家鄉聽說的「能學電腦」的工廠。丁當至今對這家工廠的印象仍然是非常正向的。雖然工資不算高，但加班時間少、員工福利合規合法，工廠常常舉辦大型活動、伙食也不錯。丁當有了更多閒暇時間泡在工廠的圖書館裡，《飄》、《簡愛》、《一個陌生女人的來信》……她一本一本讀下去。如今回憶那段閱讀經歷，她依然激動，書中女主角們的人生像一個小勺子，攪動著自己平凡常規的生活：「對於一個少女來說，這些就真的讓人覺得很……很激情澎湃、熱情，就是會讓人覺得生活真的是充滿了精彩。」

　　有一次，丁當去附近另一家工廠找老鄉——另一個愛讀書的女孩，在她的宿舍看到了一本工友自己編的摺頁冊。丁當心懷好奇，問她這是哪裡買的，老鄉便向她介紹了「工友書屋」，一個供工人閱讀的公共空間。女孩說，摺頁冊是週末在工友書屋工作的義工們

編寫的。那是她第一次接觸工人自己辦的雜誌，也第一次聽說身邊有工人公益機構通過做一些微小的事，關注工人自己的處境。

從姐妹小組起關注女工公益

回想起來，丁當曾經和姐姐去過一次工友書屋。那裡女孩很少，她記得正面放著一個檯子，她倆一進門，男孩都盯著她們看，那時她還以為進了一家婚介所，再也沒敢去第二次。不過經老鄉這麼一介紹，她的心思又活絡了。她目的明確——從小就喜歡寫作文的丁當也想去編寫那本摺頁冊。

在老鄉的引薦下，丁當順利加入了《工友天地》編委會。在那裡，一群工友利用假日，為冊子義務編輯、做採訪。丁當從此沒有讀閒書的時間了，全身心投入到義工事務中。工友書屋歸屬於某公益機構，2004年至2005年正是機構發展的鼎盛時期，很多工友還沒有手機，通訊沒有今天這麼便利，丁當覺得那時的工友書屋就像一個大家庭，下了班工友們都愛去那裡。丁當說：「當時除了工廠以外，你不可能會找到一個這樣的地方。」

她既是《工友天地》的編委，也參加了姐妹小組——機構裡一個專門關注女工生存狀態的小組織。她曾經在那裡發起過單車隊，大家週末騎自行車在工業區普法。

姐妹小組親如一家，讓丁當找回在蘭州初進工廠的感覺，那個活潑的丁當重生了。「你在工廠裡面天天做產品、做事，組長還要

罵你，很不受到尊重，然後你到另外一個地方，那裡的人很好，很平等。那個時候就讓人覺得，平等就是在那個環境裡面，沒有人會取笑你，也沒有人會說你不好，大家是一個集體，那個氛圍是讓人覺得很舒服。那個時候認識的義工到今天十年交情了，我們去年剛建過（微信）群，現在還偶爾搞一些活動，在群裡聊，很懷舊的感覺⋯⋯這是一個集體的記憶。」

在姐妹小組，她們創造了很多女孩子私密溝通的機會，聊彼此的困惑，也間接影響了丁當創辦女工服務中心的初心。姐妹小組最初的溝通方法就是十幾個女孩圍在一起聊天。有的女孩說起自己小時候因為是女孩，所以被親生父母送走，這類故事會得到其他女孩的回應，她們傾訴著相似的經歷。

大家漸漸發現自己身上的不幸竟然如此普遍，互相找到了慰藉。聊心事的女工們和平時郊遊嘻嘻哈哈的樣子很不同，她們變得更加真實坦蕩。丁當那時就想著，五年以後能創辦一個專門為女工服務的機構該多好。「不只是我，當時所有的工作人員都有這樣的想法。」

全職社工破繭成蝶

丁當18歲時，機構面向義工們開放了一個全職社工的職位。丁當過關斬將，受雇為機構的正式員工，開始全職從事社會工作。這是很多義工都夢想得到的轉型機會，「聽說很多人投了簡歷」，十

幾個人進入面試環節，但最終只有丁當和另一個男工通過。那時的丁當還很害羞，不知道怎麼和異性溝通，甚至不敢看男生的眼睛。她並不是機構裡最活潑的義工；但是她骨子裡特別「文藝」，喜歡寫文章，也有很多的想法想去實踐。「當時機構裡有個全職員工，我看他平時除了公益活動，還在準備自考，有很多時間看書，當時我就單純地羨慕這樣的生活，想到加入機構就有更大的機會繼續上學，我就積極地準備面試了。」

此時城市中丁當的同齡人們正在準備高考，千軍萬馬過獨木橋。

成為全職社工後，責任更大了。丁當參與了更多項目，工傷探訪就是她最早投身的項目之一。她在深圳的醫院間來回奔走，訪問那些因工傷住院的工人。病床上的工友最初只把丁當當作一個小姑娘，和她聊心事。他們之中很多人早已經接受了命運，只希望令自己致殘的工廠不要倒閉，否則醫藥費將無法維繼。

丁當卻在這過程中越來越認識到，工傷問題迫切得不得了。她太想幫助工友們了，很多時候，她一個人沉浸在這個項目裡，並沒有同事和她分享情緒。她希望項目能獨立運轉，於是拉人開會，寫計劃書，召集人手……她把工傷維權打官司贏來的錢補貼給工友治病。

慣例做工傷項目的女社工很少，大多是男性，丁當卻做得很帶勁。一張當年和工傷工友的合影裡，她坐在病床上，笑得燦爛。她說「工友們都太善良了，想去做工傷不是因為同情心，是你當時真

的覺得這件事需要去做。」

　　無論工傷項目，還是姐妹小組，丁當都帶著一種負重的心情前進。自己懷孕後，重新關注女工權益的想法又更加強烈。2010年，她嘗試在工業區組建媽媽互助小組，她們做了很多好玩的活動，比如讓男工來體驗懷孕的感覺，體會母親角色的辛苦，或者和其他公益機構做聯合公眾傳播，第一屆「女工最牛」應運而生。

　　「女工最牛」最初只是一個單純的評選活動，目的在展示女工除了工人身分的另一面，比如她們的才藝和生活。由於帶來了極好的迴響，這個項目至今還在繼續，到2017年已經連續辦了五屆。

　　五年間，她們甚至把項目品牌化了，在工業區收集過一百種女工的真實宣言，宣傳男性結紮手術、婚姻自主等等，話題涵蓋公共領域和私人空間；還成功搞了一場戲劇節，女工表演戲劇折射婚姻問題，討論女性上環（在女性子宮內放入避孕環）。說起這些外界看來轟轟烈烈的事，丁當說：「我們想要利用這些活動，分一半責任給社會，還一半權利給女性。」

　　這家公益機構後來更了名，再到後來被關停。期間的起落，丁當都置身其中。從她的經歷回看，機構走向終止並不是喪鐘。相反，這是一段充滿變化的歷程，也是她破繭成蝶的時期。

不再只是文藝青年

　　當年機構在大環境影響下遭遇逼遷，一群人想著下一步該怎

丁當·六約

麼走下去。這時候五年前的夢又浮現在丁當眼前。從來沒有一個時刻，丁當覺得自己在做的工人公益是所謂「終身事業」，她只是很確定，自己很喜歡正在做的事，這些事，早已不是一份工作這麼簡單。

「無論姐妹小組還是工傷小組，都給了我很多歷練……其實你根本不懂，但是你的作用就是凝聚大家……我在一群人裡，經常是年紀最小的那個，很多時候都是一幫大哥帶著我，我們也不講太多流程的東西，如果按常理做社工，我早就死了……」

丁當是在這樣的環境中成長起來的：他們一起做事，有活就幹，沒有太多規章制度，「如果說你不是學社工專業出身，就不會有很多框架，按照什麼是適合我的，什麼是比較好的去做事，很簡

單。所以當時真的我都不會用什麼流程，活動來了就開始做，像我們這種活動，其實沒什麼流程，感覺大家知道大概的方向，要推什麼東西，你有個大方向、做什麼事情就可以了，很隨意。組裡有很多矛盾，那我們晚上就會去喝酒、聊天、宵夜，沒有隔夜仇。」當時的單純在於，有什麼難處，陽臺抽根煙就能解決。

2015年那會兒，丁當籌備建立女工服務中心，也無可避免地面臨焦慮。雖然作為社工，丁當已經算資深，但她形容當時的自己只不過是一位「資深工作人員」，她此前所有的壓力只限於把事做好，把小組帶好。做機構卻比她設想得複雜得多。如何註冊機構，如何處理稅務，如何做行政報告，在這些事面前，丁當還是個新手。加上離開了熟悉的龍華，丁當搬來六約，她還需要快速熟悉社區、認識女工，以便儘快上手第一次活動。

她腦子裡再也沒有上下班的概念了。「因為有時候有人找你，你還是會不停地回應，只是說可能不一定會來這個地方當職，因為週一、週二我們休息，它會真的關門，但是我們有時候有活動，還是會繼續做，別人可能看不見，覺得你沒有開門，就好像是休息，但實際上我們好多事情。」丁當解釋。

找基金也難。政府或其他基金項目均重視結果，「比如，你去救助兒童，他們需要知道，這個專案中你救助了多少山區兒童？」有時丁當做的事，很難被量化。「比如我們做女工，一個女工可能過去很不自信，在我們幫助下蛻變成一個很獨立的人，這個看不見，她還是她。質性的東西很難看得見，但是他們不需要質性，他

們就需要很漂亮的數字，或者他們需要一個很大的影響力。而且深圳的社工機構，是政府購買服務，那種幾百人的大型機構整個覆蓋龍崗區、片區的情況很常見，是規模化的。像我們這種機構，又沒有拿政府的資金，我們自己找資金、找錢，我們也不算街道（政府購買服務，會跟街道合作）……他們問我們機構幾個人？我說兩個工作人員，他們覺得不可信，我做好多事情，但這個機構好像太小了。」

這幾年，丁當在想辦法「參加不同的活動」，認識更多的人，把自己正在做的事，包裝成可以傳播的內容，讓更多人知道。自己的女工背景導致更多時候她都在悶頭做事，而很少去關注社會效應的擴散。「寫報告，我們寫得不是很好的。」她說。她正在改進，例如與其他機構和團體合力、積極參加「打工春晚」^{（編註）}，競選主持人。作為少有的南方的工人機構代表，她們的加入受到「打工春晚」的鼓勵和歡迎。

春晚，中國「中央廣播電視總台」每年農曆春節都會製播的「春節聯歡晚會」大型電視節目。

一個女人，一群女人

說到女工——這群她朝夕相對的女人們，丁當完全停不下來。

她定義自己正在做的事情，不僅是幫助女工的生活，更是奪回女工在社會中的話語權：「其實很多時候一想到女工，專家、學者、媒體就會代言她們，說這一批女工怎樣、什麼樣的女工怎樣，但是根本就沒有一個女工的聲音說，我什麼樣子，你憑什麼要說我，這個部分對我來說是觸動很大的！就是我真的不想被別人代言，而且憑什麼說女工就是一個很弱的形象，或者很負面的一個形象？我們身邊看到的、還有做了這麼多年，其實衝在一線的人，永遠都是女人。比如說像工廠的集體罷工，工人代表被抓，都是女工跑到前面去維護他。其實我們當時也會說，做一個抗爭的女工口述什麼的，但那個太敏感，不敢做，後來沒做。女性的這種東西，她的潛力和能力，一直都沒有平臺發揮出來，外界只是覺得她們是一個沒有學歷、文化低，然後在工廠流水線的這樣形象，或者很負面的東西。」

她鼓勵女工表演，把她們推到燈光下面。無論打工春晚和戲劇節，從自己開始，她希望女工們一代代站在媒體面前，說出自己的語言。她還在營運一家社企，鼓勵一些因工患上慢性病的女工，利用閒暇時間做手工，用勞動換取收益的同時，又不會令女工覺得自己喪失了掙錢的能力。

當丁當意識到傳播的重要性之後，就很積極地把自己推送到各種場合裡。比如和學界接觸，關注一些社會性別議題，參加很多會議和演講。過程中，她更發現思考的價值。「我的方法就是讓女工先走出去，有一些人，演出也好，當主持人也好，或者是做各種活

動也好，你只要走出去，不要等他問你問題，跟他對話的時候你才開始真正的去思考。」

丁當做這些事的動力是什麼？「日積月累的，就你真的喜歡一個事情，然後你會想要把你的想法傳遞給更多的人。」丁當回答。

也正是因為想讓更多人知道女工的價值，她才開始籌備女工社企。「當時有一個女工，很會縫紉車東西，但她苯中毒，一直躺在醫院裡。當時有機構捐了4000塊錢，我們買了一台機器，我們就想到鼓勵那些躺在醫院裡的女工繼續拾起手藝活，充實她們的生活。沒有場地我們就在病房裡面做。」這個案例早早啟發了丁當，這不就是她期望的，「沒有壓迫」、「更公平」的雇傭模式？

「社會企業」概念自2008年後開始在中國被熟知，它沒有確切的定義，強調通過市場調度推動公益事業商業化，也有人稱其為「福利企業」。丁當曾經看過一則東南亞的新聞：「一家工廠倒閉之後，工人霸佔了工廠，然後自主營運。當時我就想有沒有一種環境，沒有壓迫，沒有老闆管理？其實老闆賺的錢也不是很多，中間的運輸，或者說明星代言，中間會抽了很多利潤。我們想有沒有辦法創造一個新的模式，沒有老大，大家做各自擅長的事情來營運？」

社會企業大多和公益機構共生。據2017年星展基金會聯合社會企業研究中心發佈的《大中華區社會企業調研報告》，大中華區50%的社企創辦於2013年至2015年之間。丁當想做一個女工製造的品牌，品牌故事關注生產者本身。不過著手營運後，丁當的麻煩也來

了：「當時可能想的有點多，但是後來我們營運的過程裡面，發現社企和做NGO很不一樣，你要想辦法賺錢。」

丁當認為社企是做公益應該堅持的方向，因為它靠自身營運而獨立運轉，不那麼依附大基金的決策。說到「拿錢」，丁當感慨不已。2017年，丁當再去申請公益項目基金，她想去看看憑藉一己之力創辦的小小機構能夠拿到什麼樣的資源，結果並不好。丁當不服氣，她忍不住說：「為什麼、憑什麼？有些機構可能只是做了行政工作，只是為了向上面的人交代，所以很多人拿了一些項目錢，他是很會寫東西，但是並不會做很多實際的工作。」

後記

即使工作再忙，孩子也靠丁當一手帶大。剛籌備中心時，她忙極了，白天全力工作，晚上再回家做家務、帶孩子，那時，偶爾在家裡打公司電話也會讓丈夫不高興。丈夫不做家務，這讓她非常難以理解：「家務的部分讓我很壓抑，我總是在想憑什麼？憑什麼丈夫什麼也不做？」丈夫不喜歡她的工作，他認為妻子應該放更多時間在家裡，遠離出差。那段時間，每天早上八點前，她把孩子送到幼稚園，再去上班，孩子放學了，她再去接。她總是力求做到把工作和生活平衡，對她來說，事業和家庭都是不可缺少的部分。

出於彼此理念的差異，丁當在創辦中心後不久決定離婚。如今她離開了龍華的家，和孩子一起獨立生活。離婚後，丁當坦言自己

丁當・六約

又成了一枚「深漂」，也暫無在深圳置業的打算。

　　對自己的個人生活迷茫的時候，再想想服務中心的下一步，她又沒時間迷茫了。她想做的事情好多，她要好好做社企，想給自己的機構增加更多全職人手，她說「只是想來玩」的求職者並不合適，她希望找到和自己志同道合，有相同理念、有性別意識的同伴。

　　「有沒有想過你幾十年後你再哪裡，在做什麼？」

　　「姐姐嫁到新疆去了。我蠻想去我姐姐那裡。我很喜歡那個地方，生活壓力也不大，物價也不高。離家也挺近的。現在還說不好。我現在的狀態，很波動。」

Q：曾經在公益機構的工作經歷對創辦女工服務中心有
　　什麼影響？

A：那個時候可能真的沒有那麼多去考慮性別視角，我
　　以前在姐妹小組，在那個環境裡，女孩子去了就會
　　藏起，或者說我要一個安全的空間，我會去一個專
　　門姐妹小組的一個小房間裡面，它不會是公眾的場
　　合。在公眾場合，女孩們的那種開朗，就只是限於
　　跟你聊天、很瘋，她們不會很沉靜下來，聊一些個
　　人的生活狀況。所以後來想做做這個機構，其實是
　　覺得以前有點大雜燴。我覺得女性空間跟男性空間
　　很不一樣，必須有一個空間是讓女性覺得這個是安
　　全的、舒服的，我可以什麼話都講，但是那個時候
　　真的可能還不適合。我們現在講月經、講性生活，
　　男生反而覺得不好意思，就是女孩就會進來是很舒
　　服，我是很希望這個空間變成這個樣子。

Q：有過困惑想退出的時候嗎？

A：這幾年我們考社工證，我現在也在報考社會工作專
　　業的大專，就是希望有機會還是可以再去多學習一
　　下。我們現在做得久了，尤其以前做工傷的工人的
　　時候，其實無力感很強，就覺得你天天做這個事

情，到底做了有什麼意義？你會懷疑。比如說你做工傷，你做五年，醫院裡面還是躺那麼多工傷者。包括工廠裡面做普法，我們去工業區，他們《勞動法》意識就是不強，工廠就是不按《勞動法》，就包括我們做姐妹的時候也是，也會遇到很多問題，就是你看不到你實際改變什麼東西，如果說他沒有錢，你資助一個什麼事情，但是那個資助到後期是怎樣？但最起碼他上學了。對吧，就那個是你有成就感，現在的部分可能就是，**機構裡的這些骨幹會給你很多的動力**，就看到好像還是很有希望，很想去做一些事情。

Q：你的愛情觀？

A：我是雙魚座的人，情商很高的。一方面我也很早熟，喜歡男生，就是那種，對，我喜歡，我會追他那種，所以我會給他傳遞一個感覺是我喜歡他，他要來追我。

Q：來深圳十三年了，你喜歡深圳嗎？

A：喜歡，這個怎麼說？應該就很難說喜歡。因為現在我一直做這個工作，我覺得現在應該說是比較迷茫的狀態吧。比如說回甘肅，可能因為我戶口其實遷到湖南了。因為我結婚那時候，戶口跟著丈夫遷回了他的老家，所以我覺得甘肅應該是很難回得去，

湖南我更沒有生活過。……前夫和他的姐姐在龍華合買了一套房子，我曾經也住在那裡，但我總覺得房子還是別人的，我去年從那裡搬出來……現在，覺得更漂，現在只是自己租房，扎根的感覺不強，但是因為你在這生活很多年，有很多的人際網絡，所以覺得現在生活挺不錯，但是你不會想著在這個地方養老，因為這裡不是一個很適合長期養老或居住的地方，你就是一個過客吧，但是確實有一定的感情在裡面。

Q：下一步想做什麼？

A：希望可以念書，還有一直很想學英語。很多事一直想做都沒有做出來，我的時間規劃得不是很好。■

她

Her Story

飯飯

工人歌手飯飯

飯飯記得每張演出照片對應的時間、地點。

起初只是玩票,但沒想到,她的演出在工人中間很有人氣。

逐漸她的舞臺越來越大,飯飯開始和一些圈子裡資歷更深的工人歌手往來,比如董軍、段玉。

飯飯姓范，80後。她圓臉大眼睛，臉蛋鼓鼓的，看上去比實際年齡顯得更小。她出生在廣東羅定，從小就愛唱歌。還在讀六年級的時候，老師說飯飯你唱歌好聽，去參加學校的文藝表演吧，她便第一次登了台。

　　初中她又去參加了歌唱比賽，有同學覺得她唱得好，對她說「你這麼會唱歌，不如以後去當歌手吧！」

　　飯飯想到這些過去，哈哈哈笑著，眼睛笑成了彎彎的月牙形。那個鼓勵她的同學會不會知道，飯飯今天真的成了工人圈裡小有名氣的歌手。

　　因為家裡經濟負擔重，飯飯初中畢業後輟學。她曾想像自己會一直讀到大專，一邊讀書、一邊參加那些歌唱比賽。可是她有四個兄弟姐妹：「為了照顧家裡面的情況。如果家裡經濟條件允許，兄弟姐妹少的話還是會念的。算是投靠姐姐吧，她那時在龍崗賣衣服。」於是2002年，飯飯赴深圳打工。

　　接受採訪時，飯飯正在深圳一家印刷廠做文員，同時也活躍於全中國的工人文化圈子。她參加過最大型的表演是中國2016年的打工春晚，她去了北京，不僅唱歌，還做了主持人。打工春晚作為勞工界的文化大事件，2012年由民間組織「工友之家」組織創辦。2018年起打工春晚取消線下演出，改為短片形式在全中國播放。

　　生活中的飯飯內向沉靜，說話輕柔，實屬一枚標準的「軟妹子」；但是當燈光打在她身上時，她氣場全開，儼然一位「女明星」──飯飯床邊那一排她參加演出時的照片是這麼告訴我的。

倉庫女工轉型文員

飯飯剛來深圳的時候剛滿招工年齡。姐姐挺著大肚子陪她找工作，在工業區裡轉悠。後來還是靠著叔叔的關係，進了一家手錶廠，在這家工廠工作了七年。七年服務同一家工廠——在深圳，年輕的女工們很少這麼死心塌地。由於工廠多，員工流動性大，工人們常常做得不開心便另尋高就。飯飯說，幾個月就跳槽的，大有人在。

飯飯不著急跳槽，因為「手錶廠工作強度不大」、「家裡沒有要求她每個月寄錢回去」、「人際關係挺好」，在手錶廠的七年裡，她的薪水一直跟著深圳最低工資的標準漲。她很少加班，有時下了班就去工廠附近的商業街，在叔叔的小店裡幫忙。

因為做的是倉庫物料員，不屬於流水線，飯飯經常需要用到電腦，她也因此萌生了進修電腦課程的想法。「那時候都流行什麼電腦培訓的嘛，我們廠裡面有幾個女的出去學電腦，週末的時候，好像是幾百塊錢，然後學完電腦，她們就會有一些技術，然後就可以換工作嘛。」

當其時，QQ剛在中國流行起來，這些電腦培訓機構主要教學員們如何上網發郵件、如何使用office系統。飯飯和小姐妹一塊兒，也跟著這波浪潮在機構裡學了半年。那時參加培訓最刻苦的一位——「也是我們廠的，他去考了會計證，然後去市裡面去上班了。那時候我覺得去市裡面上班很牛啊。」

從電腦培訓機構畢業，飯飯離開了手錶廠，尋思去人才市場換個工作。她發現電話銷售提成高，便去應聘。老闆看中了飯飯普通話不錯，溝通沒問題，但飯飯回憶這段職業經歷，卻覺得「很搞笑啊！」「以前看電視不是覺得很神奇嗎？打廣告，不要兩千！只要998，798！哈哈哈！我就覺得這些是不是真的，然後去了那裡才知道是什麼樣的情況。」

電話銷售公司根據員工賣出的產品發放提成，雖然飯飯一度拿到了很不錯的收入，但更多時候壓力山大。公司推行末位淘汰制。老闆每天開會總結，給銷售員排名，業績墊底的員工有被開除的風險，或接受公司的再培訓。曾有業績不佳的員工試過長期賣不出一件貨，內心備受打擊。

高壓之下，沒幹幾個月她就離開了這家公司。

2012年，飯飯在微信上刷附近的人。現職公司的老闆把自己的微信號添加了一條備註「高薪聘請文員」，飯飯正尋思找工作，便加了他聊了幾句，又去公司面試，獲得了這份文員工作。這是一家僅3-4個員工的小公司，做印刷、跟單、接單的活，來了這家公司，飯飯有足夠的休息時間去參加演出，她再次找到了穩定的狀態。

工人圈裡的偶像歌手

飯飯是從一間工會接觸到文藝表演的。當年有一位女工精神異常，工友歧視、辱罵，加重了她的精神疾病，她卻沒錢醫治。工會

得知了此事，便在工業區做了一場籌款演出。這場演出中，一首工人原創歌打動了飯飯：「當時董軍創作了一首歌曲，叫《有你在身旁》。說的是深圳這座城市好像很陌生，我和你可能有時候站在街上擦肩而過，誰也不認識誰，但是在這種陌生的環境裡面，我們也能給她伸出雙手，給她一點溫暖。當時覺得特別的感動。」

飯飯雖然只是台下的觀眾，但她至此發現，歌唱自有力量。「我不是從小就喜歡唱歌嗎？為什麼不試試？」她說。這次演出後，她找到了演出的召集人，表達了加入的願望──她想自己來唱《有你在身旁》。

飯飯記得每張演出照片對應的時間、地點。起初只是玩票，但沒想到，她的演出在工人中間很有人氣。逐漸她的舞臺越來越大，飯飯開始和一些圈子裡資歷更深的工人歌手往來，比如董軍、段玉。

董軍是深圳工人搖滾樂隊「重D音」的主創成員。2006年起，他白天在流水線工作，晚上在酒吧駐唱，他北漂組樂隊又回到深圳，如今主力從事工人公益，創辦工人藝術節，在工人文藝圈很有號召力。段玉則住在北京，和飯飯同在女工演出中結識，她擅長歌曲創作，多次被媒體採訪。

他們都是飯飯很重要的音樂夥伴。她也希望能像前輩那樣，擁有獨立創作歌曲的能力：「我想寫，但是不知道怎麼寫。看著他們（董軍、段玉）寫，好像覺得挺簡單的，但自己就感覺好像寫不出來，編曲他們會自己一起編，跟他們混的時間長了（我）應該會編了，我就多學點嘛，我也希望有一天自己能寫出一首完整的歌。」

飯飯‧橫崗

　　她想寫的歌有關平凡的生活。她不喜歡那些虛無縹緲的歌詞。

　　為給工人唱歌，她還在北京小住過一段時間。那裡有很多像她一樣的產業工人，也是文藝愛好者，親身經歷著北漂。北京有更多的演出機會，也讓他們覺得更接近文藝圈。

　　在望京的一個高檔社區，外表光鮮亮麗。但社區外人看不見的地方還有數不清的幽暗的地下室，一間地下室單間的租金大約每個月幾百塊。很多外來打工者就住在這裡。垂直的貧富差距，讓飯飯感到苦澀。她接觸到一些在北京工作的家政工、電梯工，聯想到段玉曾經寫過一首《電梯女孩》的歌，正如歌裡所唱的那樣：

青春就消失在這上上下下的鎖鏈中
我看不見飛鳥也看不見天空
在分不清白天和夜晚的空間裡
我看不見星星也看不見太陽

2016年參加完打工春晚，飯飯有了工友粉絲。那時有陌生人主動加飯飯的微信，飯飯還覺得奇怪。互加好友後，才知道對方是工友。她對飯飯說「我好喜歡你唱的歌，很打動人。」工友曾經在廣州工作過，因為《有你在身旁》而認識了飯飯。工友的鼓勵和認可讓飯飯快樂，她說「唱歌沒有壓力」。

歌曲《女人的自白》是飯飯寫的。開頭的幾句歌詞是：

我想我還年輕
可以做自己想做的事
我不想讓夢想在打工生涯中埋沒
我不想圍著鍋臺轉
這不是我想要的生活
世界那麼大我想出去看一看

這首歌描述了她的真實處境——外形乖巧如她，也有叛逆的一面。比如她從不恨嫁，頂著老家父母親人的壓力，33歲才領結婚證；還曾經跟著愛人遠走他鄉，上演了一出轟轟烈烈的「為愛走天

涯」。那時男友離開深圳要去北方發展，她決定追隨。不過現在回憶起這段經歷，她只輕鬆一笑，「不習慣北方，還是深圳好一點，我就回來了。」

2016年飯飯開始學彈吉他。她閒暇會找「重D音」一起練歌。她也嫌時間不夠用，有時候乾脆就在社區的草地上練，她說：「孩子們喜歡圍著我聽我唱歌，還讓我教他們彈吉他。」只要在深圳一天，飯飯就不會放下麥克風，她說雖然不會把唱歌當成事業，但「唱歌這件事，我覺得想唱還是可以唱的嘛。」

2018年飯飯懷孕，孩子八個月大時，她辭去了印刷廠的工作。孩子剛出生後不久，飯飯和丈夫一起回到丈夫的老家——四川瀘州。丈夫從事建築行業，在老家找到了不錯的新工作；飯飯則一心照顧孩子，暫時把表演愛好放在了一邊。

倆口子當初商量，趁著孩子需要照顧，家裡也有新房要蓋，就先回家鄉待上一年半載，她說：「現在考慮不了演出的事，但是孩子再大一點，會回深圳重新工作，印刷廠的老闆娘開了一家新超市，請我去幫忙。回深圳後，我也可以重新站上舞臺。」

她還是那個愛唱歌的姑娘，沒有變。

飯飯・橫崗

Q：你認為自己在外打拚這麼多年算成功嗎？

A：我覺得自己不成功。不成功，我覺得很平淡。原來
　　是想過做自己的事業，比如自己去組織活動，辦
　　NGO。但自己沒有走到這邊。顧慮太多，還有家
　　裡人會不會支持。我沒有這方面特別厲害的特長。
　　但是她們如果要我去參加活動的話，我是非常樂意
　　參加。

Q：身邊有哪些優秀的朋友對你產生過影響？

A：比如董軍。董軍他們以前就是比較喜歡玩吉他嘛，
　　然後我覺得他非常有思想，講話跟別人不一樣。怎
　　麼說呢，他對普通的事情有一種更深層次的想法，
　　他會想著為什麼這樣子，我們可能看一件事情它就
　　是這樣子，沒反思，他會有一種反思的思想。身邊
　　人的影響會比較大，交什麼樣的朋友，然後就會有
　　什麼樣的思想覺悟。如果你身邊一群人都是那種無
　　所謂的狀態，那可能你也會這樣子。

Q：怎麼看待深圳？

A：我覺得我就註定要來深圳一樣，沒別的地方可以去
　　的。廣州那邊不熟悉，反正我這個人在一個地方待
　　的時間長了的話，就會在那裡找到一種歸屬感。然

後就想在這裡待久一點，不想離開。因為這裡也有
家人嘛。

∎

生於九十年代。

她

Her Story

曉娟

那場罷工成為
人生轉捩點

曉娟所在的車間曾被設為新管理
模式下的試點「前沿團」。

前沿團聽上去有先鋒的意味，實際
卻代表著更嚴苛的軍事化管理。

管理者要求工人在工作時間禁止
說話，禁止趴著，女生禁止留長
髮，休息區禁止玩手機，具體到
休息室裡的帽子如何擺放都做出
了規定。

上述工作限制只適用於一線工
人，卻並不適用於管理者。

曉娟想都沒想過，她會在一場轟動全國的罷工事件中衝到最前線。罷工這場仗，還不到20歲的她和小夥伴們聯手打贏了。也因為罷工，她的人生從此轉彎。從一個不能再普通的流水線女工到女大學生，她的故事被多家媒體不斷報導，她一時成了女工明星。可是成為「人物」並不在她的生活計畫中，她說「我從小就沒有夢。」曾經那個出身貧寒、只求拿足薪水、努力過好當下的曉娟，認為夢想看上去很遠。

離家謀生滿心好奇

　　曉娟是個九零後，出生在廣東韶關山區，家中有兩個妹妹。她形容童年的家境「從小住籬笆房、家裡只有幾個碗」。雖然貧困，父親卻重視三個女孩兒的教育：「那時計劃生育很嚴，我爸還是堅持要把我們三個孩子送去上學（上學會紀錄身分資訊）」。有一次，當地計生辦的政府工作人員來曉娟家裡，爸爸把幾個孩子藏在後面的小房間裡躲避罰款。聽著爸爸和工作人員的對話，曉娟突然意識到自己家裡原來這麼缺錢。

　　「從12歲起，我就沒想過自己將來要做什麼，只想著現在能做什麼。不是不想，而是沒有條件去想。我一放假就出去打工，想掙錢，減輕我爸的負擔。」

　　讀初中時曉娟暑假去餐廳當服務員，一個月收入300多元。暑期兩個月掙了近700元，這個金額相當於父親當時全部的存款。

初中畢業後，曉娟去讀了職校。放棄高中，選擇讀職校，意味著她畢業就要進入工廠工作，無緣大學。十七歲，她通過日本汽車公司本田在校的招聘，去了離家200多公里的佛山南海，從事變速箱科部品配送的流水線工作。去大公司打工符合曉娟的規劃。她還記得當時離開家去佛山時好奇的心情：「以後將從事的是什麼工作，自己並不怎麼清楚。什麼是流水線，也不清楚。只知道想到外面走走。我一路上都非常有精神，以前一坐車就吐，這一路破天荒地沒有暈車。」

　　南海本田成立於2005年，作為本田技研工業在中國設立的首家獨資公司，負責生產汽車變速箱和汽車發動機的關鍵零部件，直接為廣汽本田、東風本田供貨。曉娟入職時，本田在中國除了這一家零件工廠，並沒有其它代工企業。當時員工數為1600-1800人左右。

　　那一天，本田公司的大巴將新入職的工人直接送到廠區。一下車，曉娟覺得自己大包小包的樣子和乾淨整潔的白色樓房「格格不入」。

　　新員工培訓，曉娟對公司創始人本田宗一郎的成功案例和公司傳遞的「本田哲學」印象深刻，「白色代表乾淨、整潔。髒了可以直觀的看出來，所表達的含義是：有問題能發現、能面對問題，最重要的是面對，解決」。她開始對本田崛起的故事著迷，對工廠產生了好感。

外企工廠管理前沿團

　　曉娟曾在老家的肯德基餐廳做過兼職，她比同齡人更早地渴望掙錢，但過去的打工經歷和流水線工作全然不同。在來本田以前，曉娟對工廠的瞭解接近於零。從加入本田那一刻起，曉娟未來三年的青春，將鎖定在這一片白色的廠房之間。

　　2008年在變速箱科的流水線上，曉娟每天工作八小時，每月工資800元。公司包住宿，加班按法律規定補貼，每年調整工資。收入穩定，工作一成不變。每天，她將一些較小的零件配在零件托盤上，然後放到流水線上，給下一個崗位的人安裝。

　　那裡偶爾出現一些戲劇性的情節。曉娟說：「『蝦名』是個將近50歲的老頭，聽說他從初中開始一直都在本田工作，他在我的車間做支持工作。他脾氣很不好，建廠初期，生產線剛開始投產，幾乎每個人都被他罵過。有一次設備故障，一位代行趕緊將生產線關了，但是『蝦名』從辦公室出來，沒有問清楚，就對那位代行罵了起來，還踢了一腳。旁邊的人趕緊將他拉開，大家對他這樣的行為非常氣憤，集體抗議，要他出來道歉。但是最後他也沒有當面道歉，而是科長召集全部人替他道歉了，這件事就這樣告一段落。」

　　當時公司一名20多歲的日本籍外派員工，曾自稱每月工資有5萬元人民幣，不包括各項補貼和福利。這樣的傳聞在工人們間激起了很大的反彈，同樣的年齡、相似的資歷，日籍員工與中國員工的薪酬差了幾乎50倍。

為了更好地管理中國員工，公司陸續嘗試過一些管理革新。比如，曉娟所在的車間曾被設為新管理模式下的試點「前沿團」。前沿團聽上去有先鋒的意味，實際卻代表著更嚴苛的軍事化管理。管理者要求工人在工作時間禁止說話，禁止趴著，女生禁止留長髮，休息區禁止玩手機，再接著，具體到休息室裡的帽子如何擺放都做出了規定。最讓員工難以接受的是，上述工作限制只適用於一線工人，卻並不適用於管理者。一些年輕的工人們開始感到不平衡。

本田罷工轟動全國

　　「前沿團」還曾經辦過「員工關注日」，初衷本是通過分享會的形式聽取員工的建議，卻不曾想反而起了反效果。在這些分享會上，有利於生產效率的意見才會被採用，提升工人待遇的訴求卻得不到回應。參加的人變得越來越少。兩個月後，不再有一線工人參加。

　　曉娟所在的車間，工作強度大，卻幾乎沒有加班。法律規定加班時薪應不低於一點五倍工作時薪，很多工人都寄希望於全周無休的加班來積累財富。在長期不加班的狀況下，以曉娟為代表的那批工人們，每月實收低，難以應付工廠外越來越高的物價。公司每年的固定漲薪也顯得杯水車薪。2008年本田給曉娟漲了14元工資，2009年又漲了29塊，2010年漲了68塊，三年總共漲薪111元。

　　一些老員工開始對公司失望，私下裡怨聲載道。其中一名工人

揚言：「我走的那天一定要做點轟轟烈烈的事，給點顏色給他們瞧瞧，比如說製造非常多的不良品，或把機器給弄壞」。雖然這些是玩笑話，但老員工的頻繁離職的確影響到在職工人們的情緒，怨氣像病毒一樣在工廠擴散。

2010年5月17日，幾位即將離職的老員工在變速箱科車間按動了生產急停按鈕。其間有人喊著「工資那麼低，大家還幹什麼幹？」一群人離開車間，前去廠區的操場上靜坐。罷工蔓延到其它車間和部門，不同部門不同車間的工人，為了方便互通有無，就在飯堂的白板上留下自己的QQ號和訴求。工廠裡的工人們年齡相仿，多為80-90年代出生的人，熟練使用QQ。而且那時大家可以用手機QQ了，移動溝通更加快速。在QQ群裡，他們互相打氣。

曉娟也一向認為公司對員工不近人情。聽到罷工的消息，她的第一反應是興奮。她很快成為組織團隊的一員，由於伶牙俐齒，善於溝通，在團隊協作中，她被分配到的任務是去找記者。她從沒聯繫過記者，在摸不著頭緒的時候，她想到了在網上找廣東衛視等媒體的爆料電話，一個個打過去。

自學法律對抗資方

面對逐漸起勢的罷工行動，管理層首先想到的對策是提高實習生工資，讓一部分罷工群體的訴求得到滿足。不過這一招似乎並不

奏效。當看到罷工隊伍從200人增加到400人，曉娟說：「真是非常開心，當時覺得大家的心靠得非常的近。大家一塊在操場看星星，聊天，一直以來壓抑的生活，讓大家覺得前所未有的輕鬆。」抱團取暖，互相支撐，讓他們對抗公司的分化策略時更有勇氣。

由於第一輪勞資雙方的談判未果，第二輪的罷工緊接著開始了。「2010年5月21日，日本管理者拿著DV對著大家拍，在人群中觀察領頭者，一發現有比較積極的人馬上上前搶奪工卡。這時候大家都有很大的羞辱感，但是大家還是比較理智，不想升級為打人事件。」

罷工對本田的影響始料未及。變速箱和發動機零件生產停工後，本田在中國的三大工廠，包括武漢的東風本田和廣州的廣州本田被迫全部停產。媒體稱「本田正面臨每天2億元以上的產值損失」。公司隨即請來律師，和正在罷工的員工強調罷工是違法行為。曉娟和他的同事們很迷惑，因為罷工之前，誰也沒有了解過法律這回事。他們內心的懷疑在於，「我們真的違法了嗎？什麼行為觸犯了什麼法律？」冷靜下來以後，罷工團開始在網上查相關的法律法規，瞭解罷工的法律邊界──他們沒打算放棄。

曉娟形容當時是「被迫瞭解法律」，除了網路，他們還特意去新華書店買法律書籍自學。大家看到與罷工有關係的法律條文，就發佈在QQ群裡傳播給他人。「我的那本《工會法》是一個男同事讀完傳給我的。他平時特別安靜，喜歡看書。」

當媒體涉入罷工事件後，當地的公車移動電視甚至也會播放本田罷工的新聞，還邀請專家點評。這樣的說明太及時了，通過媒體他們才能得到法律專家的針對性意見，這些資訊成了他們信賴的知識來源。有時曉娟和同事們坐公車，聽到支援罷工的言論，會情不自禁地在公車上鼓掌。

「大家也都不想觸犯國家的法律，只想爭取下自己的合法權益，也都沒有惡意的罷工，在罷工的過程中一直都呼籲大家文明罷工，遊行時甚至垃圾都不會亂扔，也不會踐踏草地。」曉娟說。

在第二階段的罷工中，手機QQ依然功不可沒。QQ群成為他們能夠迅速溝通消息的工具。雖然也有一些工廠基層管理人員在群裡，但為了防止被群主踢出去，即便群裡有不怎麼支援罷工的人，也不怎麼敢說話。「一旦發現有不同聲音，我們就會把他踢出去。」曉娟回憶。

罷工升級，成為談判代表

5月22日，最初鼓動大家罷工的兩個老員工被開除了。接下來的幾天是漫長的拉鋸，勞方和資方互不讓步，談判再次破裂。工人們向公司管理層表示不滿足訴求，拒不復工。5月27日廣汽本田發表聲明證實工廠停產，當天本田公司在東京的股價下跌0.8%。因為其日資企業的身分，罷工工人和資方的矛盾升級成了民族矛盾，工人們

戴上口罩在廠區附近遊行，高唱中國國歌。

　　事件持續發酵。5月31日，有人以「獅山鎮總工會」的身分，和律師、資方共同來到廠區，遊說工人們適可而止。工廠附近的道路被封，防暴員警出動，媒體開始不再報導南海本田事件，工人們用來聯絡的QQ群被屏蔽，在各大論壇發帖的人被網警警告。當天「獅山鎮總工會」的人員和工人發生了身體衝突，「有女生在推拉的過程中被踢了肚子，有人臉被刮傷」。工人們對暴力衝突既憤怒又失望，前去質問日本人，但日籍管理者對此竟也不知如何解釋。

　　工人們再次尋找談判路徑。曉娟由於一直活躍在罷工一線，又行事果斷，被選為工人們的談判代表。「我們工廠女生只有十分之一。罷工的時候，有些人拖拖拉拉的，我性格比較急躁一點，我就會罵那些男孩子。我和他們說我一個女孩子都站出來了，你們幹嘛還扭扭捏捏的。」在30多人的罷工代表團中，他們最終選了五個談判代表，其中只有曉娟是女生。她代表工人發言，經常出現在大眾媒體的鏡頭裡，因此認識了更多的記者。

遇見改變人生的老師

　　曉娟說，罷工過程中雖然出現過一定的禁言，但整體上，政府、媒體和附近的工廠都給予了正面的支援，這是罷工以勞方獲勝的關鍵。她當時沒有太多地思量就站出來，並不知道會給自己施加怎樣的風險。她積極遞交意見書、發公開信，通過媒體推動事件的

關鍵進展。

5月27日，資方首先發佈了致員工的公開信，把員工的煩怒表達為「誤解」，隻字不提和員工爆發的肢體衝突，令罷工群體再次感到憤怒。工人們開始想到自己也需要寫一封公開信，並把公開信發佈在互聯網上。在這封公開信下面，曉娟留下了自己的真實姓名和聯絡方式。

她拿著公開信去找資方，在被資方威脅和嚇唬後，後悔急急忙忙將公開信發給媒體，而忽略了可能存在的法律問題。她找到一位記者，要求撤回發給媒體的那篇公開信，記者卻說不能撤了，建議她去找相關的專家，協助工人們「打這場仗」。曉娟於是在記者的牽線下，認識了時任中國人民大學勞動關係研究所所長常凱。常凱一直關注著本田罷工，他願意免費為工人提供法律援助。至此兩人一直保持聯繫，常凱也成為對她的人生影響很大的老師。

「記者告訴我這是我國勞動關係方面很有權威的一位專家，讓我儘快聯繫他，他願意免費給我們當法律顧問。當時我們最需要的就是有人提供法律方面的援助，之前不懂法律，後面被逼著瞭解了很多法律法規，但是還是不敢理直氣壯地堅信我們沒有觸犯法律。因為不懂法律，所以不停的被恐嚇。當時馬上就要上班了，所以等到吃飯時間，我趕緊給他打了電話，告訴他我們現在所面臨的困難，並諮詢到底是否有違法？他已經看過公開信，告訴我，你們寫的非常好，沒有違法。」

常凱後來成了勞方的法律顧問，幫助曉娟他們參與和資方的談

判。2010年6月5日，佛山市勞動局作為中間人組織談判。有了專家做後盾，曉娟身為談判代表也更自信了。

這次談判結束了20天的罷工。談判中他們爭取到了期望中的漲薪、要求資方不事後追究罷工召集人的責任，同時整改工會。

爸爸和書記一起來了

本田罷工的成功，在當地引發了一連串工人的罷工潮。附近工廠的工人也希望複製本田的模式爭取權益。恢復生產的曉娟，有一天接到了爸爸打來的電話，說家鄉的書記要和爸爸一起來佛山「看看曉娟」。在此之前，為了不讓家人擔心，曉娟沒有主動告訴過爸爸自己參與了罷工，爸爸只是從媒體上知道了一些。

她只好和爸爸詳細說了說罷工的來龍去脈。爸爸後來發來一條短信：「曉娟，你已經懂事了，我很高興特別是你的所作所為，膽量過人，為人有勇氣，雖然你是個女孩，但看起來都比別人的男孩強，能為整體著想，做得很好。我擔心的是你年紀還小，內心的壓力太大。所以你要保重你的身體，願你在人生中走出一條光明大道。」曉娟讀完就哭了。

爸爸是坐著當地的警車來的，還捎來了家鄉的雞蛋。雞蛋用紙箱裝著，被爸爸抱在手上。曉娟看著他惡厚樸實的樣子，顯得很不自在。她和爸爸說，「就讓書記帶你在佛山轉轉，你也沒來過這裡，當旅遊了吧。」家鄉來的書記則語重心長：「曉娟，我是看著

你長大的，你年紀輕輕的千萬別上別人的當，你看的那些什麼法律，全都不要看了，那些不是我們國家的，不符合我們國情。知道不？」書記去上洗手間，爸爸偷偷的和曉娟說，還有很多公安部門的人在另一部車。

曉娟安慰：「爸你不要擔心我，我一個女孩子能有多大本事，用不了那麼多人對付我，他們應該是還有其他事，你下來了，就好好到處走走。」

她此時回想起，當初有人提醒她，發佈公開信別留自己的真實姓名——看來是有道理的。

一個瘋狂想法的誕生

工會改組隨之進行。曉娟在罷工中得到了工人的信任，獲得了工會分會委員和小組長的職位。曉娟期望工人待遇得到改善後，還能從工會改組中獲得更多企業與員工平等對話的機會。她曾在罷工中接觸到《工會法》，她想：「好的工會不應該是現在這樣，給員工發發生日卡就算了。」然而改組工作有名無實，曉娟再次失望。

「你還是在被別人管著，即使大家的工資增加了，工作環境依然是壓抑的。我當時就很想逃離那個工作了三年的地方。」她理想中的「平等對話」執行起來依然十分艱難。

這期間，有一次本田管理層來南海本田考察，經過曉娟所在的車間時，曉娟正好在休息。她脫掉工作手套，走到總經理面前，再

次和他溝通工人們罷工的初衷，「我們罷工沒有惡意，只是想要爭取合理的薪酬，和工廠建立更好的溝通方式」，曉娟回憶：「他身邊的翻譯沒想到一個一線女工可以說出這樣的話，都被我嚇得愣住了。」

曉娟將工會改組遇到的挫折求助於常凱教授。常凱卻鼓勵她去考大學，而不是和制度死磕下去。她一陣熱血沸騰：「我當年考上了高中的，只是家裡條件差，為了供兩個妹妹讀書才選擇了讀中專。當時聽到常凱老師這樣的建議，很心動。」

那時曉娟身邊不乏利用業餘時間學日語、舞蹈的工友，但卻從未有人想過考大學。她要去「吃這口螃蟹」嗎？連親舅舅也笑她：「沒有上過高中還去高考，簡直無稽之談。」她心裡難受，卻無法反駁。

不過在另一個圈子裡，她聽到了不一樣的聲音。2010年9月，她曾接受常凱教授的邀請，去北京參加了一場勞動關係學術研討會。在場的學者和學生們初次見她，便給了她巨大的信心，他們一致鼓勵曉娟參加高考。她說：「我接觸到了以前從來接觸不到的階層，他們居然和你一樣關心工人問題，現在回想起來還是覺得很激動，非常有力量。」常凱介紹在場的一位學生給曉娟——一位從工人轉型，如今成為高校教師的前輩：「這位老師曾經是國企女工，她特別有親和力、鼓勵我考大學，而且很具體地指出了一條社會考生高考的途徑……她後來也成了我的大學老師。」

就算不去考大學，曉娟對工人生涯也始終焦慮。她並不打算

一輩子服務流水線：「我估計80%的一線工人都想過自己開店吧，總之這種想法很普遍！」除了開店，工人們還會考慮通過再培訓改變職業跑道。她記得工業區的宣傳欄裡，常年貼滿收費不等、參差不齊的招生廣告，學校抓住了工人想要改變命運，離開流水線的心理，提供電腦、設計、語言等實用的培訓課程吸引工人報名：「那些廣告這麼多，說明需求不小。有些培訓班學費很高，是純民辦的，我沒想過去讀。因為課程結業後他們提供的證書並不具有競爭力，而且短期培訓後，你在就業市場上可能也找不到對稱的工作，最後可能還是要回去工廠。」

曉娟才19歲，考大學當然是更有誘惑力的選擇。從北京回到佛山後，她上網找資料，學習社會考生考大學的準備事項：「我沒聽說身邊有從工廠考上大學的先例，那時我也沒有想過考不上怎麼辦，考上了要做什麼，完全沒有時間思考困難，心一橫，腦袋裡就一個念頭──準備考試！如果當時上網像現在這麼方便，能多打聽到一些成功考上大學的案例，我反而可能會打退堂鼓。」

社會考生和課本死磕

曉娟每回說到備考，都忍不住佩服自己居然可以那麼拼。她報考的是全日制專科，語數外均為必考科目。和她一起競爭大學生名額的考生都是「象牙塔裡一路讀上來的高中生」，而她一天高中都沒有讀過，英語基礎差，高等數學更加一片空白。曉娟形容當時

「非常瘋狂、膽子很大」。上班的時候，她偷偷在流水線旁邊做卷子，一到週末，她比上班起得還早，哪也不去，便關在寢室裡複習、背英語單詞。如苦行僧修行。

她曾經有一群親密的工友死黨，休息時常常一起逛街、溜冰、聚餐。自從開始備考，這樣的局裡再也找不到曉娟。朋友們選擇不打擾，全力支持她。

她還報讀過一個高考補習班，每週末往返廣州，為期兩個多月。那時候，她一到教室就密集地上課，一下課就衝出去趕車回工廠，兩個月結束，她連補習班裡的同學都不認識幾個。為了鞏固基礎太差的英語和數學，她聯繫到老家的初中同學「開小灶」。倆人那時已經是韶關學院的大一學生了，曉娟在不缺席工作的前提下，花一個週末回韶關，在韶關學院附近訂了一晚酒店，請老同學通宵講題。她們一個負責英語，一個負責數學，硬是在24小時裡，把那些曉娟遇到的「難啃骨頭」逐個擊碎。

大半年後，得償所願。曉娟考上了廣州一家高校的勞動關係管理專科。第一個來問她成績的人還是常凱教授：「從來沒有一個人這麼關心過我讀書。我從小是在打擊教育中長大的學生，沒有什麼人關注過我的學習。但這次我如果沒有考上，真的會覺得不好意思！」

工人考大學，難也不難

考上大學後，高昂的學費卻讓曉娟一籌莫展。她說自己「一根筋」，當初準備高考的時候，從來沒想過學費的問題，考上了，反而把她難住了。錄取她的大專B類私立學校，學費比A類學校更貴。交不起學費，小娟一時又沒了方向，不知道要不要放棄。幸好當時組織罷工時，罷工團和獅山鎮總工會「不打不相識」，她就跑去工會求助，後來又找到廣東省工會。幾經輾轉，她才知道原來自己考上的大學，也被廣東省工會用於培訓工會幹部。他們願意為曉娟提供一定的資助，學費從一年近萬元減到三千多元。

離職進修充滿挑戰。工人花費大量業餘時間備考之外，還需承擔經濟上的壓力。每年通過再教育離開流水線的工人實屬鳳毛麟角。作為外來工大省，廣東省政府從2010年起就實施了「圓夢計劃」，全稱「新生代產業工人骨幹培養發展計劃」。其目的就在鼓勵當地一線工人修讀高等學歷繼續教育。這個項目受到來自地方各類大型企業的資助，根據「圓夢計劃」網站的數據顯示，截止2017年底，3萬多名產業工人通過計劃拿到大專／本科學歷。

「圓夢計劃」和中國知名高等學府合作，採用網路教學的模式。學生可報讀指定專業專科及以上的課程，修完專業的全部學分，即可以得到相應的成人教育或遠程教育文憑。畢業證書和普通成人教育文憑相同，不出現「圓夢計劃」的字樣。工人如果在開課前通過了入學考試，可獲得獎學金資助。

以北京大學社會工作專科為例，得到政府補貼後，個人只需要付2000-3000人民幣，就可以修完全部兩年半課程。順利通過考試後，該學生將拿到專科文憑。不同專業所需學分不同，學制也不一樣，學員視乎工作餘力可適當調整畢業時間。在所有提供選擇的專業中，醫學專業的學制最長，畢業難度也最高。

曉娟參加的是普通全日制高招，比圓夢計劃的門檻更高。但她也相信這些年正在廣東逐漸推廣開來的「圓夢計劃」是個好項目：「對於想要尋求改變的人來說，這是很好的機會。與其去讀外面商業機構的培訓課程，不如選擇圓夢計劃，至少文憑能夠得到社會的認可，還能獲得學費減免，何樂而不為。」

大學裡那些不可能的事

如果不上學，她的選擇太少了，很大機率是從一個工廠跳槽去另一個工廠。她珍惜讀書的機會，也不免擔心，「從沒上過高中的自己，進了大學以後，和同班同學的差距會不會太大？」

「我發現自己想多了！班上一些讀書讀上來的同學，學習對他們來說像在耗費時間。他們也沒有多努力，沒課的時候花很多時間打遊戲、玩，一些本地或大城市來的同學，家裡條件或許很好，更加不擔心畢業以後找不到工作。我最初還很認真地預習、複習，怕掉隊，跟不上其他同學，到了考試時我才發現自己在班裡的排名一直不錯，年年都能拿獎學金。」她調皮地笑。

「大學的圈子以寢室為單位，幾個人幾個人一個小圈子，我覺得大家的隔閡比在工廠的工人之間更深。在工廠裡大家都更單純，大家年紀相似，很容易打成一片」。大學同學們的性格和工友們太不一樣了，她有時會想念曾經的同事，和她們聯繫。

大學生曉娟在校園裡有了新的焦慮。勞動關係專業在就業市場上並不屬能拿高薪的專業。學長姐畢業後，大多去一些NGO機構擔任社工，一半營生一半情懷。而自己曾經待過的工廠，經歷幾年漲薪，工人的收入已然比社工更高。她想不通：「難道大學畢業後，我的工資還不如以前的同事高嗎？」

唯一可以確定的是，曉娟很熱愛自己選擇的專業。大學的可貴，在於提供曉娟太多未來的可能性。她依然和常凱教授的學術團隊保持著來往，也認識了廣州更多高校裡從事勞動關係研究的博士生。學生們對她的轉型經歷很有興趣，她也樂於幫助他們完成一些學術項目，比如幫助做一線的田野調查，整理錄音，收集問卷等。自從上大學後，她只在餐廳裡做過很短時間的兼職掙生活費。她大部分兼職的收入，來自這些學術助理工作。

高校裡的師資也讓曉娟感慨。「我從小在鄉鎮學校讀書，那裡老師的專業知識，回想起來，不能算好吧。到了大學，我才感覺到差距，我很珍惜大學裡遇到的老師，常拉著他們問問題。」她行動力滿格，主動找系主任說要做「三下鄉」社團，關注留守兒童問題，這個項目甚至拿了2012年度廣東大學生「福彩公益獎」。大三

時，她不願再去流程刻板的街道辦實習，想繼續鑽研留守兒童項目。於是她自己找了一家關注留守兒童的NGO。當時機構正計劃籌備新的兒童中心，曉娟拉了五個同班同學一同加入，從中心籌備開始做起，調研也做，刷牆也做——她很享受從0到1的過程。

眼下，變與不變

曉娟有一頭烏黑的頭髮，笑的時候眼睛彎成一條線。和她聊天時，你總是能被她的樂觀感染，很快和她熟悉起來。2017年和曉娟第一次聊天時，我曾點開曉娟的朋友圈，發現那時她熱衷曬娃、曬吃喝玩樂。當時她剛結婚生子，完成人生大事。她跟著丈夫回到貴州老家，做過一段時間的全職太太。

「我的第一個男朋友是在工廠認識的，他對我考大學這件事十分介意，認為考上大學的我，短期內不能和他結婚，所以我們就分手了。」在廣州念書時，曉娟和現在的丈夫重遇。「他是我當年在餐廳打工時認識的同事，他一直在廣州工作。我們這些年保持著朋友的關係」，那時候，還不是「丈夫」的「前同事」，默默支持曉娟讀書、學習，成為她一路成長的後盾。曉娟在他身上遇見理解，他們自然而然地走到了一起。

搬到貴州，是新的篇章。曉娟的母親曾經對女兒遠嫁很是不捨。來到一個陌生的城市，她也很清楚自己將迎來新的圈子。可是曉娟說：「雖然父母不是很願意我來到貴州，這卻是我自己的選

擇。他們終究沒有辦法替我做決定。」

她沒有一直做全職主婦。如果不能和外界接觸，太憋屈了。「雖然我的寶寶很可愛，我也很喜歡小孩，但如果把我封閉在這個圈子裡，我肯定會瘋掉的，我的性格不適合。」2018年，曉娟從自己的經驗出發，重返職場，成為貴州凱里一家親子圖書館的城市合夥人。更準確地說，是她一手創辦了這家親子圖書館。她一直知道幼兒閱讀繪本的重要性，卻有感當地繪本資源的稀缺，想要把親子讀書館做成遍地開花的社會企業，改變當地兒童的閱讀文化。

從工人到學生，從學生踏入商業世界，曉娟不知不覺、不斷地打破自己所在的固有邊界。我問她，當工人和在企業／機構打工有什麼相同與區別，她很認真地想了一想，跟我說：「嗯，相同點是待遇都不怎麼高。」

「不同點有很多。當工人的時候你周圍全是工人，如果不是主動尋找，沒有新的知識進入你的腦子，感覺人被完全屏蔽了，沒有什麼成長。那其實是一種無情的消耗，消耗你的時間和青春。而且工人晉升好難，就比例而言，比在企業晉升難得多，金字塔的結構下，工廠管理崗位太少了。而工廠外面的人眼界是不一樣的，個人成長不一樣，很多時候你更有想法，更有執行力，就順理成章地得到更多。」

工人群體唯一比企業員工更好的地方，曉娟說是一種「集體性」：「工人的集體性更強。企業員工之間的關係更鬆散，他們在工作中遇到不公平，通常會選擇自己主動離開。」

曉娟·南海

Q：如果沒有罷工，你是否還會繼續過著兩點一線的生活，認識不到這麼多人？

A：是的，是的。我覺得這個對女工來說是非常寶貴的，因為太封閉了，而且這個社會階層分化的就是很嚴重，你只能認識到你那個階層的人，然後你也不知道，你還有什麼選擇。你是能成長逃離，但是你也不知道能逃離到哪裡去，只能一個工廠一個工廠這樣流動。

Q：如何下定決心去考大學？

A：其實我以前也考上過高中，但因為家裡還有兩個妹妹，我爸負擔不起，所以才沒去讀高中。本田罷工之後，我那時候抱著好大好大的希望，就是覺得，可以改變很多很多東西。但是回到流水線旁邊，發現你還是被人家管著的。而且那時候我是作為談判代表，給大家談（權益）的，雖然增加了那麼多工資，但是我一回到流水線上，那些管理人員還是對我指手畫腳，說「你回到你的崗位去，你什麼什麼的」，每天都是這樣子。這些經歷，讓我很想逃離那個地方。就算你造成一個很轟動的事情，很多人都在關注著，但是還是很難改變我們自己。然後所

以我就用社會考生的身分去參加高考。

Q：你對南海本田有感情嗎？

A：走的時候很神奇，反正是第一份工作嘛，一開始去的時候是一個企業，因為它會給你培訓啊，跟你說本田的創始人是怎麼樣怎麼樣起來的啊，就會讓你很有共鳴，讓你覺得在這個企業肯定能達到成就感。然後越做越做，後來越做就越沮喪。經歷了這麼個事情（罷工）呢，後來我考上大學，然後我要去上學，整個車間到其他部門，那些人突然對我都變得非常友好，好神奇好奇怪啊，那時候每個人都好像跟我說加油。然後工會，那時候我們的工會，它也是蠻大改變，因為它之前就是一個中層管理人員（在負責），那個工會主席的稱號也是加給他的一個稱號，他那時候好像還給了（我）兩千塊錢，從工會經費裡面給我。我開學的時候公司一個管理人員還開車找我，派他的司機把我送到學校去。他們也可能覺得，哎呀，一個大麻煩走了吧。我不知道，哈哈。

Q：至今對你的人生影響最大的事件是罷工嗎？

A：我覺得我人生的那個轉捩點就是那場罷工。影響最大。如果沒有那場罷工，我那時候年初我還拿衣服去擺攤，想要自己做點小生意什麼什麼的，也

沒有想過還能上學，也沒有動過這個念頭，因為我自己都沒念高中，怎麼可能還能去參加高考呢。然後就是因為經歷了這個事情，認識到一些老師，他們就說現在有什麼途徑可以去試一下。但是都不確定的，然後我自己去找資料，去查可不可以，發現的確是可以去嘗試一下。像這種（做小生意），很難成功的，成功機率超級少。所以現在的女工也是一樣，她們也一樣想要逃離這個圈子，但是都不會很順利的。小部分人當然會成功啊，這畢竟是小部分，對大部分人來說，還是沒選擇的。

Q：現階段有什麼新的奮鬥目標嗎？

A：學英語。但是我都還沒有下定決心呢。有一次，一個打擊是，有一個朋友給我發了一個招聘資訊，招聘資訊是用英語寫的，結果我連看都看不懂。我就覺得，天吶，就想要把英語再提高一些！但是現在也是會比較忙啊，如果又要工作，又要照顧寶寶，自己的時間就不太多了。

Her Story

如果不外出打工，我可能會成為女巫

小五

剛進富士康那陣子，正是13連跳事件的當口。

小五神秘地說：「我是為了這個事，進來研究研究的。」

她看見工廠裡放置的鼎或寶塔，聯想到風水學上的細節，認為老闆郭台銘是個很厲害的人。

小五（化名）的兩隻手不一樣。她說：「因為做學徒，這手都腫了，做那些工件需要很細心，然後拿那個工具手很痛的，都變形了，這個手都變形了，你看。」

　　她2015年入職富士康，在模修部門工作，負責維修那些無法正常使用的生產模具。聊天的時候她隨意抓起桌上的一部手機演示：「比如拿這個東西，（我們）就是得拿筆一樣的東西，這樣壓住很用力這樣剖，使勁剖，很累的那種，剛開始我都哭了，有點受不了。你摸我的手，這裡都是老繭。」

　　她所修理的模具能夠製造出蘋果鍵盤和路由器。她不確定自己參與製作的產品在哪裡出售，只是模糊地說：「好像不在中國賣，好像賣到外國去的」。總之她自己從沒有用過。

　　那一年，和小五同批進入富士康的工人有120位，其中18個是女孩。模修對工作細緻度要求高，更適合女性員工就任，小五順理成章地去了這個車間，在富士康跳過了流水線。模修屬於技術崗，剛入職那時，小五就被要求進入模具機器內部打磨。此前聽工人聊天時說起過，如果機器失靈了，模具鋼鐵會掉下來砸在維修工人的身體上，「那時你就只剩一雙腳了」。小五很害怕，為了減低這種緊張情緒，她會在工作時叫上另一位工人陪同在機器外面說說話，分散自己的注意力。

　　雖然工作具有危險性，但並不總是那麼忙碌，加班時間不多，小五說其實她「很幸運進了這個部門，如果是產線（流水線）的話

可能堅持不下，真的」，不過她很快又補充說：「但是說堅持不下，為了生活也要堅持的，如果加班多工資高的話都願意做。」

小五1991年出生，在外打工已十餘年。這天晚上她剛下班，匆匆換掉工服。富士康工廠離她住的地方很近，騎自行車或是走路都合適。富士康廠區很大，像是散落在深圳關外工業區宇宙中一顆星球，每個獨立的工廠都有自己的運轉規則，而小五是推動星球運轉的其中一員。

她從廚房拿了幾杯水給我們，坐在剛搬入的出租屋裡，輕描淡寫說起自己漫長的打工故事，晚飯也沒顧上吃。天氣很熱，頭頂的風扇費勁地轉，發出吱呀吱呀的聲音。

靈媒接班人

小五的家鄉也在湛江，位處廣東西南角，沿海，和廣西、海南交界。一家兄弟姐妹七個，她排行第二。她說自己命硬——剛出生的時候，爸爸就生了一場大病、險些喪命，奶奶算了屬相和八字，結論是小五和爸爸相剋，不能留小五在家裡住，遂把她送到了姑姑家，直到長大成人，遠走他鄉。

奶奶對命理精通，是鄉裡小有名氣的巫師，也有讓鄉親們崇拜的「超能力」。據說不管哪家的小孩，剛出生的嬰兒總是哭鬧，但一到她手上就不哭不鬧。不只奶奶，據說奶奶的外婆、舅舅都是當地有名氣的靈媒。

小五從小被視為靈媒接班人培養教育，被強制背誦、記憶一些易學古書。小時候她跟著奶奶吃齋念佛，很瘦弱。奶奶活了90多歲，離世前一年，小五服侍在她身旁。在她印象中，那一年奶奶經常和已經過世的爺爺說話，「她有陰陽眼。受她影響，我偶爾也會看到那種東西。」小五說。她曾經見過夭逝的弟弟回家，提醒她家裡應該注意的事；也因為通靈能力，促成過親戚家的一樁冥婚。

　　「不管我叔叔或者姑姑大伯，每家每戶都會『走』一個——男孩。我大伯家走了我堂哥，最小的兒子也走了。那最小的兒子很奇怪，有一件事也是發生在我身上。有天他回來找我媽，但是我媽睡的比較死，但是他就看到我了，他就跟我說他要結婚。我第二天跟我媽說，我說我哥回來了，我就跟他說是哪個村、哪個村有個女孩子死了，叫她們去說親。如果你們不去的話，肯定家裡會鬧事。他們起初不相信，我伯母也沒把它當一回事。可是第三天，我弟不小心把手捲進收割機裡了。」

　　「我媽開始不得不相信這回事。第三天我那個哥哥就回來了，就跟我說你們再不去，是不是要出人命？然後我就跟我大伯母他們說，他們就覺得很怪，那就去吧。去了，才知道隔壁村也確實有這麼個女孩沒了。」

　　從此家裡更加相信小五身上的「靈性」。媽媽為了「不要那些妖魔鬼怪在我身上纏著我」，常常去廟裡為小五祈福。

　　奶奶還曾經教過小五咒語，小五卻已經忘了該怎麼唸。

　　「根本就忘了，因為我對那個不感興趣。本來是我跟我堂姐

兩個人一起要做接班人的，我堂姐不幹，我也不幹。」奶奶持讀書無用論，更不相信讀書對一個女孩子有什麼好處。背負著家族期望的小五，因為住在姑姑家，受了姑父很多影響。姑父是個教書匠，「他傳授一些不一樣的東西，給我的感覺就不一樣……他在當地中學教語文。」讀書這件事上，小五更相信姑夫。

小時候小五讀書成績不錯，只是因為父母負擔不起弟弟妹妹的學費而退學。那時候奶奶也偏心，「每次我家裡殺雞，兩個大雞腿是我弟的，我們就只能吃雞脖子，雞翅膀，雞腳。」她和姐姐是家裡最早出去打工的，她借姐姐的身分證找工作，用姐姐的名字進工廠，她們一起在大城市生活。姐姐後來嫁了人，因為分娩大出血「走了」。小五不再多說。

她依然記得十幾歲的自己是如何點燈開齋，也依然在靈媒和科學之間左右搖擺：「很奇怪的事發生在我身上，一直到現在我都不認可那些事情，但是不可不相信。」

而奶奶一直一直反對小五外出打工，直到她去世。

服務業的誘惑叢林

小五14歲外出打工。離開家之前，她在湛江也做過幾份散工。比如她去一家幼稚園當過幼師，只因為表嫂的哥哥是園長，入職比較方便……但是沒耐心的她不擅長照顧孩子，自己也才14歲，所以也常常和小孩子玩到一起；她辭了職，去餐廳做服務員，又去超市

做收銀員。

湛江工資不高，接下來的一年裡，她跟著姐姐在廣州、東莞、順德，晃蕩一大圈，短暫落腳在順德一個「大的酒店」繼續做服務員，負責為客人點餐。這一次，小五做了一段時間又不想做了，因為「不喜歡客人動手動腳」。她回憶：「因為（服務）包間，他（客人）就會說小妹來喝杯酒什麼的，因為他會給你小費，挺多的。但是有一些人就是有錢，就想讓你做二奶什麼的，所以我就不習慣。」有客人直接找她開價，提出要包養，一個月支付兩千多，是小五當時工資的3-4倍。但小五很怕，時間長了，就和主管申請去後廚洗碗，不想再做服務員。

「聽說那些客人都是比較有錢的大老闆，抽煙喝酒，賊眉鼠眼，當官的也有。我說話很直接，人家一說什麼我臉就板著，沒笑容，後來經理就來說我了，她說你能不能笑，我說我不笑。」

酒店裡的服務員需經過篩選，迎賓往往是最漂亮的一群女孩，也最經常被換人。「因為有的人做了，然後就突然不來了，然後就那個了，然後他們就說去給人家當二奶去了什麼什麼的。」有時女孩們私下聊天討論各種風言風語，小五聽到這些會發脾氣，她不喜歡這些話題。「她們有些人覺得不錯，那性騷擾又怎麼樣，她們就是覺得很正常，她們做習慣了。我那時雖然沒有男朋友，但才14、5歲，估計可以當他們女兒了。」

今天小五說起這些還是忍不住激動。當年有關係不錯的朋友曾經離職去做了兩年「二奶」。如今女孩結了婚，卻再也不能生育，

正在辦理離婚。「當時那時候避孕藥吃多了。對她身體也不好，什麼也沒混著反而把自己的身體搞差了。現在對婆家三緘其口，只說是輸卵管堵塞吧。」出於自身有愧，女孩主動提出了離婚。

小五在服務行業的職業歷程草草地結束，雖然來錢多又快，她始終覺得服務業的工作不安心。相比於服務員，她更願意做一名工廠女工。

深圳換工記

「深圳這個地方，只要你對電子產品足夠熟悉，就能找到好工作。」小五說。

姐姐2011年回老家嫁人，原本在佛山互相照應著的姐妹分開了。小五在朋友的建議下來到深圳，不承想飄飄蕩蕩，在深圳的頭一年，小五幾乎就在換工作之間度過。因為此前沒有電子廠的經驗，想去的工廠在最後一道面試中婉拒了她。這一年，她還經歷了三個月的失業期，心情一度掉入低谷。

她去過一家陶瓷廠做管理人員：「工作八小時還要加班，我過去只上八個小時班習慣了，這邊要上十多個小時，一下適應不過來。工廠生產地板磚。搬的那些磚，從窯爐出來的那些磚都是幾百高溫的，工人們都戴了手套，去碰了還是很燙。」

離開這家陶瓷廠後，多家工廠都拒絕了小五的「管理經驗」，明確告訴她工廠只招普工。她去過梧桐山上的一個玩具廠工作了一

個半月，每天爬山上班；待過一家知名日企的流水線：「每分每秒就在那裡做事，不會有多餘的時間給你去想其它的事。根本就沒有時間，就是重複一個動作，一直做到下班，兩個小時給你休息十分鐘，就那樣。很快的，就是按秒來算你的工作量，那邊很累。確實那裡做的時間長的話，他們老員工每個月都拿五六千，每年4月份會調薪一次。」

這些，最後都沒能堅持下去。

在南山科技園，她進了一家叫「HT」的工廠。這家工廠生產的是警務終端，包括警用手機、攝影機、電子設備等。回憶起這段工作，大概算是小五在深圳待過的、印象最好的工廠之一。「那裡包吃住，給員工租房子，房租是他們（補）貼的，然後每個月補貼六百塊錢的生活費，每個月都吃不完，吃不完又不可以存到下個月，只能每個月要把它吃完。」

細緻的小五曾經幫經理解決過燃眉之急。工廠在產品出貨時，需要解鎖程式設計碼。一次負責解鎖的工程師出差了，恰逢一批貨急著出貨。小五看著他們鼓搗了很久，就站出來說，「讓我試下吧」。雖然她的崗位是QC（品管、品質檢驗），但她對數字天生敏感。經理用怪異的眼神看著她，不敢相信，她又補充說：「你不讓我試一試怎麼知道呢？」

結果用不了五分鐘，程式設計碼就解鎖成功，順利出貨。「工程師曾經教過我，我知道打開郵箱裡有很多程式。這位工程師讓我不要告訴別人編碼是什麼。」

小五在這裡工作快滿一年的時候，工廠由於併購，需要搬遷到蘇州。工程師還曾經邀請小五一起去蘇州，升她為助拉長^{（編註）}，並提高她的底薪。但小五最終還是決定留在深圳。她說，女孩子一個人不能跑得太遠。

「助拉長」，工廠的職位名。在工廠中，生產線（流水線）又稱「拉」（即英文line的音譯）。每條「拉」都有負責人，即「拉長」（亦有稱「線長」），是管理職。「助拉」則是拉長的助手，職位比拉長低，比一般工人高。

在富士康維權

「來富士康吧，這裡沒有你們說的那麼恐怖！」在富士康負責倉管工作的前同事，向小五發出了邀請。

在模修部門，女性員工占多數，老員工也多，同事之間關係不錯。大家互幫互助，對身為學徒的小五很是照顧。「不像有的線長，把你罵得狗血淋頭。」她曾經調去生產線負責對華為的手機殼進行目檢，生產線要求精神更集中，更辛苦，不過加班費也水漲船高。這也是年輕人最想要的。每天，車間設置一個目標產量，限定所有工人在一個時間點完成。大家做得熟，又配合得好，往往可以提前完成目標。工廠也會根據工人的進度進行一定幅度的加產。

小五入廠兩年來一直是學徒，她知道，技術工人需要得到基層三到五年的認可才有機會晉升，所以心態挺好。她身上還背著一次「小過」。「我上一次不舒服，趴在工作臺上休息了一會兒，知道嗎，他們記我一個小過，他說我睡覺了。他背後看著我，但是他沒看著我正面睡覺，他直接拍了背影，然後他就拍下來了。大過就會影響年底的獎金，績效掛鉤會影響獎金那些方面的。小過還好。好像是進富士康記三次大過就會開除了，兩個還是三個？」

　　工人漏刷卡、或者遲到達到一定次數，都有專人做記錄，用於處分統計。「這裡軍事化管理，聽說以前更嚴格。」

　　我曾經想過借小五的工服和工牌去富士康廠區裡轉轉，但小五很猶豫。一旦被發現，可能會被記大過甚至開除。為了不影響她們的工作，我最終放棄了這個打算。

　　2016年，一些派遣工分批次進入富士康。新來的派遣工工位離小五很近。有時他們會互相聊天，小五發現這幾個派遣工的福利居然是不一樣的。「有的是15加1（RMB／小時），有的是17加1，然後有一批是15加1，好奇怪的是那幾十個人進來的時候，女孩子長得漂亮了就18。」她就和派遣工們敲邊鼓，建議他們去找主管瞭解，為什麼存在同工不同酬的情況。主管怕事件發酵，私下給這6名「前去討說法」的派遣工加了時薪。也許是因為這件事，小五很快被組長調回了模修部門。

　　剛進富士康那陣子，正是13連跳事件的當口。小五神秘地說：「我是為了這個事，進來研究研究的。」她看見工廠裡放置的鼎或

寶塔，聯想到風水學上的細節，認為老闆郭台銘是個很厲害的人。有次上夜班，她走進一間女工宿舍樓下，就全身起疙瘩，斷定這裡有人死過。同行的同事一陣寒顫，確認這裡的確發生過一起跳樓事故，小五的靈性把大家嚇得落荒而逃。

她無法回答「曾經在富士康輕生的年輕人，當時是不是因為工作壓力過大而走了這一步？」至少在她進廠的時候，富士康已經沒有那麼多班可以加了。她甚至還因為加班鐘點過少，加班費不足而頗有微詞。而從小見慣了生死，小五甚至在陳述每個家庭成員的死亡時，都用著一種淡淡的口吻，沒有眼淚。

她自己呢？她不想結婚，沒想過生孩子，那條約定俗成的人生道路對她來說並沒有約束力。「我老是問我自己，我活到現在是為什麼，為什麼我活著？直到現在還會問。」「壓力太大我承受不起，我喜歡自由，如果壓力太重的話，我會想自殺。」

她分不清每天辛苦地生活是為了自己還是別人。姐姐去世，她成了家裡的老大，照顧家庭的責任感更重了。

堅強？命硬？

十二、三歲的時候，小五還在念初中。那時她經常早上六點鐘之前，把家裡種的菜送到市裡表嫂親戚的那所幼稚園、去另一所中學給弟弟送錢，再回學校上課。弟弟中學附近四五十米的距離有一座基督教堂，她很喜歡。有一次剛好禮拜日，她也不用上課，路過

教堂時，她聽到教堂裡傳來好聽的鋼琴聲，見識到教堂裡熱鬧的、充滿水果和蛋糕的派對，「沉迷在那裡」，於是經常去那裡玩。

後來她跟著基督徒一起念聖經。直到教徒們問她是不是信仰佛教？小五告訴他們，自己的奶奶是巫師。「他們就不歡迎我了，我就沒怎麼去了。他們說耶穌跟佛教不能排在一起，因為我兩邊都不是，我也不信這個，也不信那個，我就在那好玩我才去的。」

關於信仰，她無所謂。她喜歡自由，「小時候壓力重，長大了就想自由地飛翔」。現在的自己就很好。今天，沒有人強迫她做什麼。如果有，她會覺得「恐懼」。

常有朋友和小五說，「你身上的這些事，很怪」。她不只一次想過自殺，但放不下父母，心疼年邁的爸爸至今仍要勞動，當然，她也不信任弟弟。這段訪談中，小五三次提到死的念頭，又每次都折回：「有一點是能確定，必須要看到父母安康的活下去，等他們走了，百年歸老了。說不定哪天我就跟著走了。」

父母從小五有記憶的時候就吵架，甚至動手。在小五的回憶中，那些畫面都和姐妹們的哭聲連在一起。現在她不分辯對錯，只說爸爸的壓力太大了，於他是一種發洩。她越來越能理解父母，雖然還是想讀大學，想讀會計，不想在工廠裡打一份工，但並不埋怨。

她說，做倉管的時候，曾經有一次機會讓她接觸會計的工作，給辦公室的人算工資。後來產線加工資了，比會計崗位的工資高近一倍。她才又申請回了產線。

後記

　　2018年，曾經想著一直待在富士康的小五還是離職了，同時也離開了深圳。在東莞，小五找到新的工作，工資重新翻了倍。

　　對她來說，再大的工廠也不能帶來歸屬感。家只有一個，只要不在家裡，哪裡都有在路上的自由。

小五

Q：在深圳待了4年，有想哭的時候嗎？

A：有，特別是一個人的時候。2013年過了年就來深圳，經常每次打電話到家裡都不敢哭，因為不想讓爸媽知道，所以一直強忍著。孤單的時候是會哭。

Q：你們家重男輕女嗎？

A：我奶奶重男輕女比較重，不過我爸的思想已經被我改變了。這幾年我們兄弟姐妹出來打工，家裡建房子幾乎都是我妹跟我的錢，我弟都不出什麼錢。我妹每個月寄一千、我偶爾會寄一千或者五百給爸爸用，希望他不要幹那麼累的農活，兩兄弟去年承包木工的工地，半年賺了12萬，竟然只給我爸一萬塊錢，我爸就心寒了。我爸今年71了，他都還在幹活，他就是為了他兒子，希望為他兒子買房、能結婚。我妹比我好一點，她會偷偷的存一點錢。她學駕照的錢都是她存起來繳錢去學的，而我不是。身上有一點錢都放不安穩，都要往家裡寄，自己夠吃夠住買衣服就行了，其它就不管了，然後都往家裡寄。不過現在比以前要好很多。

Q：你的擇偶標準是什麼？

A：要三觀比較一致的人。因為我身邊幾乎都是離婚的

比較多，好怕，（我）這個恐婚症好像越來越嚴重了，好怕。萬一嫁到這個家去，這個家婆媳關係不好怎麼辦。我現在上班的那些大姐們，天天都說婆婆不好，幫她帶小孩又不好。天啊，要是我遇到這個事怎麼辦，所以必須要找一個男的跟我三觀一樣。有一個大姐就說，她老公老是護著他媽，就老是護著她婆婆。不能說婆婆的一句壞話，一說到就跟她吵架，為了說她婆婆一句不好，他就吵一個晚上，或者十天八天不跟你說話的那種。要是這樣的話，那我的人生不得完了，怎麼過下去，所以對這方面很怕。

Q：計畫一直在富士康工作嗎？

A：應該會。教我學修模的師傅在富士康待了11年，她所有青春都給富士康了。現在懷孕了，第二個小孩要出生了。所以我們裡面那些同事最少有五年以上的，僅自己一個人新來的，他們都是五年以上的。如果穩定沒有什麼意外的話，我會待到五年過後吧。最起碼目前就是。因為現在我沒存到多少錢，然後給家裡打點錢。然後自己最少也要存夠錢想做一點事吧，我也不知道要做什麼，以後要做什麼，不知道。

Q：考慮在深圳買房嗎？

A：別說了，買房，真的我從來沒想過在深圳買房。別說深圳了，家裡縣城都買不起，你沒有三四十萬都買不了家裡的房子，家裡的房子也很貴。你買個兩房一廳的話最少有三十多萬，四十萬。想都不想。

Q：選擇一份職業的時候，在錢多，或者工作輕鬆、能兼顧家庭選擇，你覺得哪方面更重要？

A：肯定錢多。因為沒有錢，你根本就幹不了什麼事情。錢很重要，我本來之前不會看重錢的，就是去年我媽媽生病了。我沒有加班，然後我媽媽有那個甲亢，已經腫了，那個脖子都已經腫很大了。醫生都說還好沒成了腫瘤，然後就要治療，又花了一萬多，去治療才好的。那時候前年年底我的錢都給家裡裝修了，一分錢都沒有了。出來就身上留了兩千塊錢，就身上一千多塊錢，我媽媽要錢治病。那時候我很那個，就從那一刻開始，我就覺得錢很重要。

Q：想做的事？

A：種花花草草是我的想法。我在家裡也做過一些實驗，種火龍果。但是去年來三次颱風把我的火龍果颳成平地了，啥都沒有了。現在不是那些高速路，還有那些公路都修到家門口了，還有高鐵都要通

了，就很方便，所以想搞一點其它的種植類的那些
事做吧。

■

Her Story

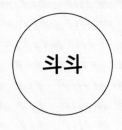

斗斗

富士康流水線的
大學生

富士康在招收普工時，明確不招大學生。

斗斗當時戴著一副眼鏡，書生氣很重，見到每一個面試官都謊稱自己高中畢業。

其中一個四十多歲的HR面試官，猜到她的真實學歷，苦口婆心勸她：「如果你是大學生的話，你不要來這裡應聘，這裡沒什麼前途的，你去那個福田的那個人才市場。你去應聘富士康的文員，那兒工資高很多⋯⋯。」

斗斗（化名）眼睛很大，留著一頭中性短髮，不施脂粉。去她家的那天是個週末。她沒排班，正在家裡睡覺。知道我們來了，她便下樓到門口來。走出門的時候，我們才算和斗斗初次見面。她一身寬大的男款T恤、短褲、大拖鞋，假小子打扮，客氣迎我們上樓。「從這兒上來吧！」

「終於見到了傳說中的斗斗。」我的開場白。

「有嗎？」她酷酷地笑。

斗斗在富士康工作，負責華為PCB板的質檢（QC）。她的日常，是每天在流水線上，目檢電子產品的機器製成和規格要求是否一致。女工圈子裡視她為「傳說」，因為她是大學生，且是中國211重點大學的全日制本科畢業生。而通常深圳工廠招工時，只要求工人文化程度在初中以上。她的學歷和周圍的人事物都不那麼匹配。

加入富士康是斗斗自主的選擇。剛來富士康沒幾個月，她就表現得很活躍，閒暇參加了好些工人組織的活動。採訪的前一周，她就因為在工人社區小公園裡，和幾個工友合夥擺二手書小攤而被城管攆過。最初她不願接受這個採訪，認為自己很普通，「也沒什麼好說的」。

身邊的人都奇怪，這樣的女孩不屬於、也不應該出現在流水線上。她應該在距離工廠車間二十公里以外的深圳市中心，明亮的辦公室裡，朝九晚五，腳踩高跟鞋，每天對著電腦謀生活。

和政治學擦身而過

斗斗1992年出生在甘肅省農村。她家距離省會蘭州只有2個半小時車程，去縣城也只消坐十分鐘的公車。她在一個大家庭裡長大，從小就和弟弟、爸爸媽媽、爺爺奶奶生活在一起。爸爸和叔叔在斗斗讀小學二年級時開始做蔬菜水果批發的生意，早出晚歸。在斗斗的印象裡，他們總是踩著三輪車，在各個縣城之間奔波。由於生意做得不錯，那時「平時的花銷隨便花，年終盈利的錢就爸爸叔叔均分掉」，時間久了，倆人積累了一批忠誠的老客戶，把生意越做越大，甚至做到了省會蘭州去。只不過後來爸爸身體抱恙，叔叔雇了個人來幫忙，收支逐漸不能平衡；2015年以後，盈利沒有之前好了，倆人從此「得過且過」，再沒想著賺錢、存錢了。

高中以前，她的讀書成績一直不錯。到了高中，在班上60個學生裡，她排40名。那時候閨蜜要考同濟大學，斗斗很好奇，那是她第一次聽說「同濟大學」這個名字。她甚至沒想過要考大學。不過她又是那種擅長考前突擊的學生，實際高考分數比她平時的成績更好一點，「就剛好那些題我會」，斗斗說。

到了填高考志願的時候，家裡開了個會，媽媽沒主意，就去外面問人意見。家裡人想來想去，想讓斗斗念新聞系，她自己也覺得不錯：「經濟不倒的話新聞不倒，這個出來前景應該還可以。」這個家庭會上得出了結論，要送斗斗去南昌讀新聞系。南昌在江西省，她從來沒去過，那裡離她的家1,700多公里遠。

雖然也可以選擇蘭州大學的政治學專業，但她就想著去遠一點的地方念大學，越遠越好。而且「政治學好冷，沒什麼概念。」可是新聞專業又是做什麼的呢？——「做記者啊，至少狗仔隊吧，特別想接近明星。」她讀高中時特別愛看韓劇，《魔女幼熙》、《浪漫滿屋》，《豪傑春香》……也追過不少臺灣偶像劇，當時父母不允許她追劇，她就等爸媽去工作的時候，偷偷打開電視看。

大一時，我不知道沃爾瑪是什麼

　　她初中就開始談戀愛了，初戀對象是個性格「悶悶的」男孩子。初中同學裡裝家用電話的不多，恰巧他們倆人家裡都有電話，常常背著爸媽打給對方。父母不是不知情，而是無從管教。有天倆人在小賣部遇見了男生的爸爸，爸爸買了一包辣條遞給斗斗，又和他們說，「你們年紀還小，應該以學業為重。」更多的話卻說不出。

　　成績單作證，他們的學業並沒有被戀愛影響太多，至少斗斗挺習慣一邊戀愛一邊學習的狀態。他們升上高中後，男生轉學去了縣中，斗斗開始不斷鬧情緒，兩人以不愉快的結局分了手。這反而令斗斗痛苦不堪。「高中以後我一直都自閉，不喜歡和人接觸，也不喜歡和人說話，一心只學習，反而因為壓力太大太封閉，成績沒有那麼好了。」也正是這時，她第一次遭遇了情緒問題。

　　整個大學時代，斗斗都倍受情緒病的折磨。從環境到人到事，她都在遭遇落差。

斗斗考上的大學位於南昌紅谷灘新區。新校區離市區約有15公里，住在新校區裡的主要是學生和輔導員，周圍大片農田，圍繞校園周邊的商鋪，幾乎都是給學生專開的。一般講師有課時才會從市區往返新校區，工作日裡待在新校區的時間很少，更別提假日了。這座大學留給斗斗的初次印象是「像市場、菜市場或是逛街的街道」。

雖然懷抱著當記者的理想而來，但是課上著上著，她發現做記者也沒有想像中那麼容易，「記者工資又低又累」。斗斗出身農村，心思敏感：「大一的時候，剛從鄉下出來，我的個人形象也特別差，我覺得大一那一年是超自卑的。」當同宿舍的其它三個室友都在用市面上最新版的iphone4時，斗斗卻還在用「老爺機」（非智慧型手機）：「我那個老爺機也是很貴的，買的時候就已經覺得很貴了。但是跟他們在一起我第一感覺就是差別好大啊。包括他們那時候玩的人人網，特別火的時候，你的手機又不能登人人網。」

大二時，斗斗才在大學裡的移動網點辦了充值100元話費送手機的業務，才有了一部中興的智慧型手機。她開始用人人網，卻不知道在人人網上怎麼和好友互動。不久她退回了QQ的世界，那裡有家鄉的好朋友，還有大學公益社團裡認識的新朋友，「社團裡面大部分人都跟我一樣，玩老爺機。」

穿的、用的和室友不一樣，話題也聊不到一塊，「三福、沃爾瑪、華潤萬家都沒有聽說過……當時我不知道是不是自己有仇富心理……」

醫生說我得了「雙向情緒障礙症」

　　大三那年，斗斗病了。醫生給斗斗開了藥，說她得的是「雙向情緒障礙症」（bipolar disorder，台灣譯作「躁鬱症」）。這些年積累的自卑和自閉，在大三和社團社長表白失敗以後，發作成了情緒病。從最初的經常哭、睡不好，到滿腦子都是自殺的念頭──跳樓、跳車都想過。寢室幾個室友開臥聊會，她發現自己說不出話，第二天一早，她昏倒在寢室裡。

　　那之後，斗斗還間歇性因為學業壓力發過病，每次住院半個月到一個月左右。她依稀記得嚴重時，自己會不自覺地拳打腳踢，身體需要被綁住。她質疑課堂上的知識，就在桌子下面讀自己的閒書，讀《烏合之眾》、溫鐵軍的《八次危機》，孔子的傳記、毛澤東的傳記：「讀過一本青年毛澤東的傳記，就覺得這個人怎麼這麼朝氣蓬勃，不像我之前印象裡毛澤東就是一個老太爺、老皇帝。他是很積極很向上的小琴年。」

　　她從這本書開始喜歡毛澤東，覺得有親近感。她自認「仇富」，所以尤其關注農村題材的書籍，試圖解決農村的出路，找到農村和城市的差距。正統新聞專業卻被她擱置下來。畢業時，她因為想不通該怎麼做新聞，寫論文寫得特別焦慮，又進了一次醫院。

　　家人在斗斗住院這件事上產生過分歧，雖然叔叔支持住院，但爸爸主張生病了在家待著就行。所以畢業後，家人為方便照顧她，讓她回甘肅找工作。

拿到了大學文憑，斗斗卻完全不想在辦公室當一名「朝九晚五」。她知道在蘭州，剛畢業的大學生和服務員掙得幾乎一樣多，所以她去應聘當服務員，也幹過賣螃蟹的銷售，本著什麼工作工資高就做什麼的原則。

　　同時間，弟弟已經在蘭州一家礦廠工作很多年了，他不愛讀書，初中畢業就離開家打工，在礦長辦公室打掃衛生。

　　蘭州工作一年後，斗斗的生活歸於平靜，內心卻又一次被撩撥。在朋友的鼓勵下，她做出了投奔深圳的決定。爸媽當然不放心，她安慰父母「不會一直待在深圳，只是去體驗大城市工作的經歷，也許很快就回來了。」而實際她想的卻是，「我往後肯定也不會有什麼固定的生活了，估計不是這飄就是那飄，那就這樣去唄。這個城市飄五年，那個城市飄五年，那飄個幾次之後基本上你這一輩子也就飄完了。」

　　2016年，大學畢業一年後，斗斗來了深圳。

為進富士康自降學歷

　　溫暖的深圳是斗斗漂過的第三個城市了。這裡有符合她職業發展的大公司，和她一直想去體驗的工廠。她最先收穫了一份培訓機構助理的工作，一個月不到4,000元的薪水，每週工作五天。這裡很少加班，同事客氣，老闆溫和。如果不是因為斗斗又一次生病，請了兩個月的大假而被公司無奈勸退，她也許會安心做下去，等著轉

正、加薪。斗斗此時已經分不清，這次情緒病發作的原因是來自感情還是工作壓力了。醫生說，病因需要斗斗自己去衡量。雙向情緒障礙症的兩個面向是狂躁和抑鬱，有時病人會陷入狂躁，有時卻會陷入抑鬱。她得學著去平衡生活中的不安和焦慮。

從辦公室離開後，斗斗堅定了要去工廠作女工的想法。她要去富士康，因為聽說富士康是深圳最大的工廠。大學時接觸到工人和農村公益，讓她一直有畢業後去工廠工作的情結。遲遲沒有做決定，只因為擔心工廠工作強度太大。「因為工作時長跟工作環境導致你會很悶、冷漠，人跟人的感情特別難維持。」她擔心因為工作時間太長，工廠裡曬不著太陽，「會不會像個牢房？」

第一次去應聘富士康，斗斗並沒有通過。在心理測試環節，她說自己「答得太老實」，比如遇見壓力的時候是積極面對還是消極面對，她思考再三，決定完全如實作答。結果如她所想，她被拒之門外了。隔了一個月後，她再去富士康應聘，心理測試全選了「陽光積極」的選項，才得以進入面試。

富士康在招收普工時，明確不招大學生。斗斗當時戴著一副眼鏡，書生氣很重，見到每一個面試官都謊稱自己高中畢業。其中一個四十多歲的HR面試官，猜到她的真實學歷，苦口婆心勸她：「如果你是大學生的話，你不要來這裡應聘，這裡沒什麼前途的，你去那個福田的那個人才市場。你去應聘富士康的文員，那兒工資高很多，你一個大學生培養出來，你幹這個你不覺得冤屈啊，你爸媽知道該多難過。」斗斗沒有多說話，繼續堅持自己只有高中學

歷。連番面試之後，她被富士康的質檢部門錄用了。

斗斗現在還記得那位HR的樣子。他的勸阻讓斗斗心裡還是起了一陣波瀾，她說：「這個世界上還是有好人的，有人知道關心你，覺得你在做一些就是跟你的付出不相符的事情的時候，他還願意去勸導你選擇一個正確的方向。他不會完全覺得就是你來我這面試，我對你就是只要你能滿足我的工作能力就行，我管你錢多或是錢少，管你待遇怎麼樣，只要你能幫我幹活就行了。」當然，他不知道斗斗進廠的真正想法，不知道斗斗將來會離開，這段工作經歷不過是她漂泊生涯的其中一個片段。

月光女工不養家

質檢工作要跟產線。每天，她負責對大型接收器或電腦平板進行目檢。上班時她會把機器上的程式跟作業本上的規定做對照，有問題則記錄下來。產線每個月考評，質檢員中，誰記的問題點多就能分到更多獎金。如果質檢員發現了批量性錯誤，則只按一個問題點計算。

記錄這些問題點的評估系統叫「蘋果樹」——畫一個樹的枝，上面會放很多的點，每個質檢員都對應了不同的點。質檢員每發現一個問題，就放一個綠色的點；沒有找到問題點，就放一個黃顏色的；一旦質檢員工作出現了異常，就放紅顏色的。

這份工作每月平均加班54-60小時，於她只是一份機械的營生。

每天早八點上班，晚八點下班，偶爾晚上和朋友約出去吃燒烤，工資月光，愛買零食。斗斗覺得這樣沒問題，她對自己的要求是不要有「欠債」。和她同組的6個同事中，3個都有信用卡負債，卡債一萬多，她不想那樣。不欠債是斗斗的「底線」。同齡的同事大多都要把工資的一部分寄回老家去，她們都羨慕斗斗不用養家。

吃燒烤的朋友，主要來自斗斗大學時結交的公益社團成員。同事裡和斗斗聊得來的不多：「除了天天不是我老公咋了咋了，就是我今天吃了什麼東西，我的小孩又生病了，太家常了，我也沒老公，我也沒家庭，我天天跟他們一起聊這個我只能聽。如果我跟他們聊我喜歡看什麼書，或者說我喜歡去跑步，發展一些自己的興趣，彈吉他或者什麼這些東西的時候，身邊的朋友他會表現出一個概念是，這些東西離我很遠。」

大學同學也不算是斗斗的朋友。他們之中有在深圳當記者的。斗斗很少和他們見面，他們也不知道斗斗在工廠裡做普工。

她當初來工廠的想法近乎理想主義：「我覺得有學歷的人跟沒學歷的人的工資差別還算挺大的吧。因為你有學歷的人，至少你找到的工作是五天八小時，然後就可以拿到3500到4000塊錢。他們（工廠工人）一個月工作三十天，只能休四天或五天，每天也工作10小時，加上休息的時間就是每天有12個小時是在工廠裡面的。他們月薪可能就是3000到3500這樣子。我覺得差別好大，那如果說我這個擅於動腦的人不去動腦了，也去動手的話，會不會縮小這個差距？」

2010年深圳富士康廠區發生工人「連跳」事件後，富士康曾承諾保證一線工人「做六休一」。據悉在2011年的iphone生產高峰期，部分工人依舊「做十三休一」。在社會和媒體的監督下，富士康2010年至2012年漲薪三次。儘管如此，斗斗也很清楚，富士康的時薪一直比不上辦公室。

現在當她做得特別累的時候，也偶爾動過退出的念頭，問自己要不要回到文員的崗位上去。「堅持吧，別人都可以堅持，為什麼自己不可以？」每次糾結後，她又會說服自己定下心來。

最愛《共產黨宣言》

斗斗在離富士康不遠的城中村社區，和兩個男生合租了一套三室一廳。很多富士康工人租那裡。有時候週末不加班，天氣又不錯，她就召集其他朋友在附近不遠的清湖社區擺流動圖書館的書攤子。這個社區裡密佈工友的出租屋，門口的一片草地很適合擺攤。沿著草地邊的河道走，能一直走到富士康的其中一個側門口。她搞來一些捐贈圖書，在草地上一字攤開，開放給附近的工友借閱，有時也簡陋搭起一場讀書會，大家就坐在草地上，聊聊最近讀過的書，或是聊生活也行。這些書很雜，有養生、電腦、烹飪、建築、文學，斗斗一邊擺攤，一邊自己就能在書攤邊讀起來。

「我最近又讀了一遍共產黨宣言。我當時想自己在工廠裡讀這些書會不會吸收得更快一點。」「讀完以後覺得吸收更快了嗎？「沒

有，我不知道是哪裡出的問題，讀完還是覺得沒有。」斗斗沮喪。

她又想了想說：「……但是會有一些基本的感覺出來，就像之前大家經常會講自我決心意識不強，其實很多時候大家還是維持著，保持現狀的生存狀態。之前就不能夠理解，就覺得這生活都這麼差，為什麼大家不反抗，為什麼不反抗。而現在能夠理解，當工人自己還沒有開始有強烈的那種反抗的欲望的話，不管你的書讀多少都不太有用。現在讀共產黨宣言，頂多是鍛煉自己吧，把自己朝著這種理論性的方向去剖析一下。你很難和工友講，因為你給身邊的工友講的話，他反而有可能會排斥你，就覺得你這個是瞎想。」

人與人之間的冷漠依然是她最在意的狀態。雖然工人們每天一起吃飯、聊天，但是在吐槽不合理的工廠制度的時候，「很多人還是會很有保留性的，不會那麼的說像你一樣的。他會很擔心被工廠幹掉，就是工廠把他給辭退掉，然後就沒有出路。他們會因為這個恐懼而不願意跟你交流。」

她的計畫，是在富士康工作幾年，積累經驗後，再去考相關領域的研究生。她給我們看剛買來的考研習題集，還沒怎麼開始做。她的考研目標是清華、北大，至於專業，「傳播或是社會工作吧，馬克思主義也行」。兜兜轉轉，她對高三畢業時摸不清門路的政治學專業，又產生了興趣。

「對啊，現在想想為什麼那個時候不去讀政治學，我在想可能那個時候去讀政治學反而不會喜歡了。」

龍華的速食式戀愛

她說自己最近又失戀了，自黑談戀愛屬於「速食式」，來得快去得快。經歷了幾段不甚順利的單戀和戀愛後，她在感情上變得比以前更消極。剛分手的前男友是曾經一起玩的工友，初中學歷。當初選擇他，是因為對方在生病的時候，曾經無微不至地陪伴。彼時，她也正嫌棄自己的工人性不強，她以學生來定義自己，希望找到一個互補的工人階級愛人。然而相處了幾個月，她知道最大的問題來自溝通。他們有很多問題不能交流，斗斗和他聊到最近在讀的書時，他常常放空。

「我希望有那種更博學一點的人來刺激我，讓我有大的進步，我希望他是一個反思他現在環境的人，但結果他不是嘛，那後來就分手了。」

在加入富士康之前，斗斗沒想過一個工廠可以大到你從北門走到南門需要三十分鐘，「你也不知道誰在管你，不知道你該幹嘛，能哄一天，就哄一天。這個工廠大到你可以不用那麼敬業的去幹活。」入職半年來，她是線長的重點檢查對象，因為她在上班時間總是掏出手機玩，偷懶被抓過現行。線長是個和氣的老員工，在富士康工作了十五年。

富士康員工數目過百萬，僅斗斗在的龍華廠區就有約20萬工人，但她說在廠區認識的同事不到100個。她曾經認識一位在富士康工作了十年的前輩，後來考研出去了。這個身邊活生生的例子給了

她一種希望。她希望複製這樣的人生——在追求個人前途的同時，在工人群體裡散播團結互助的能量。

然而她還是偶爾情緒不穩，長期服用精神藥物，最近一次抑鬱發作是在擺書攤的時候。她每天花一些時間看書，不知道富士康每年漲薪幅度百分之幾，她從沒想過五年以後的生活，不知道五年後還在不在深圳。

她還沒想過結婚生子、組建家庭，不想維持特別長的感情。

說完自己的故事，斗斗需要繼續睡覺了，她說是因為剛吃了藥。外面太陽很大。從兩點到五點，我們硬生生把斗斗從午睡的被窩裡拽出來，完成了這場對話。

後記

再一次聯繫上斗斗，斗斗已經離開了富士康。

2018年的工廠實驗讓斗斗產生了挫敗感，她重新審視起自己當初的決定。她回到了深圳市區，找了份辦公室裡的工作。這份工作需要經常出差，但是斗斗拒絕透露更多工作的內容。她說過去的採訪裡自己已經說了太多，她不想被人猜到是誰，不想被曝光在媒體裡，只想低調安靜地生活。所以她堅定地拒絕被攝影，也再三對她的拒絕向我道歉。

2019年她依然沒放棄考研。她說讀政治、讀法律、讀新聞，讀什麼都行：「畢竟唯一的（上升）通道就是讀書了。」

Q：剛進大學時，覺得大學和想像中有什麼不一樣嗎？

A：有啊，大學很自由很開放，我覺得這種開放是來自於，不是說學業或者什麼，而是因為那個時候小，大一剛出來的時候其實我比別人還小。然後我爸帶我去學校，就我帶著我爸在校園裡面逛的時候會看到很多情侶在牽手，一般都是以情侶居多。兩個人或者是坐在草坪上聊天的，帶著我爸逛校園的時候，有時候會看到接吻的情侶，我就會覺得很尷尬，跟我想像中的每個人抱著書走來走去的氛圍是不一樣的。

Q：在大學時參加了什麼社團？

A：那個時候可能就公益類的居多吧，沒想過去發展那些興趣社團，總覺得。一到大學就落差感特別強，就在想農村，想一下我自己家裡的農村那種情節，然後來到這個城市，這也不算特別好的城市。但是這個城市裡面的人的生活就已經那種現代感，或者說是方便、興趣、快捷這些東西差距很大。為什麼人家是這個樣子，但是我就是沒有。我參加了一個商業公司在高校培育的社團，公司會撥一些基金支持社團的發展，社團會做一些公益活動。例如三天

兩夜戶外訓練營，過程當中會有一些對周邊農村的走訪。在參加這個活動的時候就突然有一次他們辦了一個公益交流會，在交流會上有介紹了梁漱溟鄉村建設這種大機構。我才瞭解這個大機構，就從大二開始轉到他那個大機構裡面去，經常去鄉下農村做公益。

Q：讀了新聞系反而不喜歡新聞了？

A：也不是不喜歡新聞，只是覺得現在新聞的氛圍沒那麼好，很多的文章都是通過網路這樣把一些事件綜合在一起。是新聞本身應該這樣子做呢，還是說我們應該跑到自己需要關心的內容、需要關注的人面前去寫他。如果是（前者）這樣的新聞，我就不做。自己感興趣的領域，比如說像現在貧富差距大這樣的領域，你要去做一些你自己力所能及的事，那你就像他們一樣去生活就好了。在學校有很多課需要我們寫稿子，我就想著我一定要像我之前在學校裡面接觸到的公益類的那些，去農村用這種公益宣傳的思維去寫稿子。有一次我這樣做了，稿件分數是我在大學幾門課裡面唯一一次成績比較好的。

Q：怎麼想到去富士康工作的？

A：其實在深圳找第一份工作的時候，就考慮去工廠。但是工廠的工作環境真的會怕，你每天要上班的時

間很多，有可能還要上夜班，那你的身體能不能吃
得消，你的精神能不能受得了。所以第一次就沒有
按照之前去工廠的想法去做，就拿著自己的學歷找
了一份文職類的工作。生完病回來之後就比較果斷
了，就覺得文職類的工作自己可能也不想去做了。
想要去工廠了，就去應聘了富士康，因為富士康最
大嘛。

Q：你對富士康的這份工作滿意嗎？

A：不滿意。上班時間長，學習時間少，工資相對應也
低。你一個月三千多，交了房租，稍微吃喝一下就
沒有盈餘的錢。另外的一個不滿意是休息時間真的
太少，你想要下班之後看看劇，跟朋友聊聊天，吃
個飯這些都特別難做到。如果你說你經常正常的下
班，你下班八點，晚上八點。你再約朋友出去吃個
燒烤，完了就九點。回來洗個澡，洗一下衣服十點
多將近十一點，那你要再去說看看書，有的人學吉
他這些，精力特別不夠。因為你二十四個小時，有
十二個小時在工廠裡面工作，接下來你把所有的時
間壓縮用來發展興趣愛好的話，還是比較累的。就
很多人一到下班就很難去調起那種興趣做其它事。

Q：家人干預你在富士康做普工嗎？

A：可能是因為我生病的原因，他們更多尊重我的想

法，只要我自己願意他們就願意尊重我。他們的態度就是自己看著辦，有時候他們也會覺得自己的女兒讀大學出來的，現在又在廠裡面打工會覺得很丟臉，跟他身邊的朋友聊起來，就覺得這個女兒，白給她交錢讓她學習了，沒有什麼體面的工作。我爸他們都會有這種情緒，我叔叔嬸嬸他們都會這樣認為，導致我整個家庭裡面的人對大學已經沒有特別大的期待了。老大讀了一個大學出來也就這樣了，那我其他的小孩讀不讀也不是太重要。

偶爾我會有一絲愧意，但是更多的時候忙起來就忘了。而且我覺得等我再過兩年，身體再好一些，恢復好一些的話，反而他們會對我產生一個正面的影響，他們會有一個正面的態度的。等我回到家裡待在一起的時候，他們更多還是會關心我，還是問「今天想吃什麼之類的，現在做給你吃，以後如果你等到放假完回去的時候就沒有這麼多好吃的東西了」，他們更多還是會跟你聊這些。

甚至你會看到他們自己也有他們自己的生活圈，跟你的生活圈完全不一樣。他就算沒有你，他身邊還有一些鄰居、阿姨之類的朋友，逛逛吃吃喝喝，一天就那樣過去了。再幹幹他們的活，有時候你會覺得當你一個人在外面生活了幾年之後，你跟

你爸媽的生活是兩種了。所以我之前還會擔心覺得不給家裡面一些回饋回報的話，家人會對我有抱怨，現在看來的話其實完全沒有的。他們也在努力過他們的生活，他們在努力存錢，可能存錢的目標是讓兒子、女兒將來好過一點。但就算他們自己存他們自己的，他們不會把他們的目標架到我身上來，讓我也要為了他們的目標拿錢出來。

Q：當初你說你參與農村公益比較多，反而對工廠社群這塊關注比較少？

A：嗯，從農村轉工廠的原因是，之前去農村裡發現大部分都是老人小孩，小孩這種思想你要重建嘛，但是一個村裡面你待的可能沒多少小孩，而且他上學都去縣城了。所以只有週六週末你才能接觸到，老人的話我覺得老人更多就是你只能去提供一些娛樂性的，你自己真的要把你的時間耗費在這裡嗎？而且你現在年齡還小，你跟老人去聊天也很難去溝通，很難去打開話題。因為很多年輕人他都是在城市的工業區裡面飄，你如果要傳播這種團結互助的理念的話，可能年輕人更好切入一點，就想著來到工業區跟大家生活在一起。

Q：怎麼形容現在的生活狀態？

A：可以好好的看書，心沒那麼亂了，就是之前雜七雜

八的想法。比如說像剛畢業的時候會想著考公務員，去主流那種環境裡面工作，還是說就這樣在非主流的底層群體裡面漂流。那個時候還是比較亂的，其實包括看書都不會那麼堅定、篤定地學習。因為那個時候腦子裡面老想著我要去進工廠，我要去工廠，我要去南方的大工廠裡面生活，一邊生活一邊學習。但是因為爸媽擔心身體狀況不能離開家，就會特別猶豫，也特別雜亂無章。但是現在就比較單一了，就是在工廠上班，該上班的時候上班，該下班了就看看書，洗洗睡覺，跟大家聊聊天這樣子。

Q：現在你的理想職業是什麼？

A：社工吧。沒有社工的話，那就革命導師了。（笑）　　■

燦梅

工作五個月，
我把工廠告了

燦梅離開行車記錄儀工廠，就沒
再去過流水線了。

她寧可去超市做推廣員，按兼職
算工錢，或是做電話推銷。

流水線的底薪並不比超市、電話
推銷員高，

她說：「鐵了心不想再回流水
線，因為太無聊了。」

燦梅是個內向的女孩，我兩年前就認識她了。即便我們見過，聊天時她依然有些緊張。和她聊天的過程更像是做面試甚至筆錄，保持著一問一答的頻率，這和兩年前的她差不多。她對說出來的話心懷謹慎，如果不是向她拋出一連串的假設、請她確認，你很難知道發生在她身上的事有多麼與眾不同。

　　約她出來時，她還帶了一位閨蜜陪在身邊。對話的開場，大段大段由她的閨蜜紅豔完成。她們約好了，做完訪問就去附近的商業區逛街──所以燦梅今天穿得很「仙」，一身白色連衣裙，還塗了紫紅色的唇膏。

　　我們找燦梅是有原因的。2016年，這位不善言辭、常常害羞的燦梅，把曾經工作過五個月的工廠告到了勞動監察隊。

　　而且她勝訴了。

小人物也有發出聲音的權利

　　燦梅2010年就來深圳打工了。這些年燦梅已經數不清換過多少份工作、進過多少工廠。她最初因為不了解工廠之間的區別，幹過各種髒活、累活，比如「開機器」，處理油污，使用機器壓製鐵皮等。「有個跟我一起進去的同事，他開機的時候就弄到手了，後面他拿了賠償就不做了。」

　　回想那些工作，燦梅解釋她是不懂，而現在她肯定不會去這類工廠做事了。2015年，她和幾個相熟的小姐妹這一次約好要進同一

家工廠，所以當同伴因為不滿20歲被工廠A拒絕後，燦梅也決定不去了。而工廠B對工人視力有要求，近視500度的燦梅被拒之門外。

直到她們在塘尾工業區的招聘資訊列裡找到了工廠C，三個女孩均被順利錄用。這家工廠生產行車記錄儀，老闆是湖南人。工廠有100多名工人、一層車間、3-4條流水線和幾間辦公室。每條「拉」（流水線）上坐著30名工人。

燦梅和小姐妹的工作職責一樣，負責將螢幕部件貼在儀器上，有時需要加班到晚上十點半。三個月後，舊主管因和流水線上的工人打架而離職，新就任的主管是老闆的親戚，比燦梅她們大不了多少。在燦梅眼裡，新主管因為最近升了職，顯得「春風得意」，對工人更加嚴厲。他上任後，燦梅頂撞過他幾次，這讓燦梅覺得「日子變得不好過」了。再加上燦梅聽說了工廠要搬遷的傳言，不願離開塘尾的她，更堅定了要辭職的打算。

她表面不和任何人抱怨，但心裡清楚：即便離職也不能就這麼走了，當初進廠她沒有簽勞動合約、在工廠工作的五個月裡，加班費都沒有按法定1.5倍時薪計算——這不合《勞動法》的規定。她憋著一股勁，沒和任何人說起狀告工廠的計劃。

從廣東老家過完春節，再回工廠時，燦梅已經決定離職並狀告工廠。她先和幾個要好的工人約定同一天離職，再去銀行打流水單。原本只是打算獨自行動的她，被同事問起為什麼要打流水單，她才說打算告發公司的不合法操作。「你早點說，我也去！」同事們的支持，出乎燦梅的意料。

燦梅・塘尾

　　辭職那天，看見主管正向自己座位的方向走過來，她把主管叫住，把寫好的辭職信遞給了他。隨後，和燦梅商量好的另外三個同事也陸續遞上了辭職信。主管問燦梅為什麼辭職，燦梅參考互聯網上的瀟灑段子回答：「世界那麼大，我想去看看。」

忍住不說但我沒有錯

　　燦梅的朋友兩年前有過類似成功的申訴經驗，這給了燦梅申訴的勇氣和自信。辭職後，她向有經驗、懂法律的朋友諮詢勞動仲裁的流程，壯著膽子和其他三位離職同事一起走向勞動局的信訪窗口。

　　「就有點緊張」她說，「之前我也陪同事去過勞動站那裡，我覺得那些人比較兇一點。」那天人不多，接收申訴的窗口不需要排隊。由於事件得經過調查，所以燦梅的第一次回饋被歸為信訪。工作人員很親和，這讓燦梅的緊張稍稍緩解了些。她預想過不成功的結果：「不成功的話，也是拿上個月的工資。那時候想著如果不成功的話，起碼也會拿到」。

　　瞭解了事件背景後，工作人員遞給燦梅一封封裝好的信，讓她帶回工廠交給主管。燦梅照做了。主管收到信，第一時間打電話給遞交申訴的四名工人，問他們為什麼要走這一步，希望他們撤銷申訴。燦梅當即拒絕撤銷。第二天，資方就和燦梅在勞動局碰面，進行調解程序。主管本人沒有到場，「廠裡邊派了一個前台人員，還有一個倉庫的」，不過燦梅他們，從四個人變成三個人。「不知道為什麼，他（其中一個申訴者）第二天就回老家了。那個人他就不要這個賠償金了。估計他剛一開始的時候他也不太想了，所以他就……」

　　在調解員面前，資方派來的代表回應得委屈：「隔壁的工廠都是這樣給（加班費）的，所以我們就這樣給了。」調解員質問：

「好的不學，你就學這個？」燦梅聽到這裡，很是解氣。她心裡也清楚，如果今天接受調解，工廠會賠償五個月來少給的加班費，但她拿不到不簽合約而產生的賠償。勞動合約問題需要在法庭裡走勞動仲裁的程序，耗時更長。燦梅早就想過了，她願意等，因為她清楚法律規定，自己沒有做錯。

那個打扮俐落的湖南女人是我老闆

一個月後，燦梅走進了仲裁法庭。這是燦梅第一次以原告人的身分出現在法庭上。經歷了信訪、調解，到正式出庭的時候，她反而沒那麼緊張了。那天的法庭只有燦梅的一位朋友旁聽，被告工廠沒有派人出庭，過程變成了法官和原告的單純問答。由於案件屬於一裁終決，法院最終判定燦梅可以拿到共計2萬元的賠償款，比調解時的賠償結果多了一倍以上。缺席的被告沒有再次上訴的權利。時間一到，賠償即需強制執行。

她對結果是滿意的。

燦梅在隨後的法院約談中確認了賠款，被告人終於來了。工作人員問她認不認識被告──「她看上去三四十歲，打扮得乾淨俐落」，燦梅最初記不得，便回答不認識。女人問燦梅：「你們沒有見過我嗎？」這成了燦梅和她當天唯一的對話。懵懵懂懂的對話間，她才知道這是工廠背後的大老闆，「以前我只見過一次，年夜飯的時候她來給我們發紅包。」燦梅回憶起來。法院代表工廠老

闆，再次問三人，對這筆賠款是否心安理得，是否可以少給一點？三人回答：「這是我們應得的，是我們辛苦賺來的錢。」

燦梅離開行車記錄儀工廠，就沒再去過流水線了，她寧可去超市做推廣員，按兼職算工錢，或是做電話推銷。流水線的底薪並不比超市、電話推銷員高，她說「鐵了心不想再回流水線，因為太無聊了。」

如果有機會想去做美容師

燦梅經歷的大部分工作都不超過半年，相比之下她更偏愛超市推廣員。她就職的那家超市有兩層，「如果有人來買洗髮水沐浴露，我就推薦她買某一款，我覺得這個比較新鮮有趣」。如今又一次在待業狀態中的她，打算下一份工作還去超市裡找。

她曾經學過兩個月的文員，也應聘上了類似的工作，但後來工廠倒閉了，她自知基礎不好，就沒再堅持做文員；她也曾經電話推銷過貸款，能背出推銷的台詞：「您好，我們這邊是做銀行貸款的，請問您有資金方面的需求嗎？」

這家從事電話推銷的公司從「外面」買來真實的電話號碼，電話推銷員便根據這些號碼依次撥過去。「運氣不好的時候，一整頁電話都沒有人要貸款。」燦梅說。如果「運氣好」，碰上有興趣的，他們就會加上客戶的電話，交給其他銷售同事跟進。電話推銷的收入和業績掛鉤，沒多久，燦梅對這份工作的重複性感到無聊，

再一次匆匆離職。

她還學過兩個月美容課程，之所以沒有轉行去做美容師則是因為：「聽說底薪和流水線差不多，而且特別累，我吃不了那個苦。」

燦梅一直想找一份做到老的工作。打了這麼多零工後，燦梅真正期待的，是去商場櫃檯賣護膚品。「不是沒有這個可能，我有時會去求職網站上找這類工作。」但網上求職成功率比較低，如果遇上了特別心儀的機會，她會從網頁上把公司位址抄下來，直接上門毛遂自薦。來深圳這些年，燦梅越來越喜歡打扮自己，有時會把框架眼鏡換成隱形眼鏡。她的手機相冊裡存了很多自拍，但很少放上網。在路上看見了化了妝的美麗女孩，她尤其上心，有機會就去兩元店裡找類似的化妝品嘗試。如果想試一個新的造型，她就去說服身邊的朋友做自己的模特，給朋友們免費化妝。

她向我展示自己修的眉毛。還告訴我，她平常的愛好之一，是去淘寶網搜索漂亮的穿衣搭配。她喜歡清純的造型，覺得裙子比褲子更好看。難怪這些年回家鄉的時候，老家的人會說「燦梅越來越漂亮了！」

在法院約談見到大老闆時，她最先注意到的也是大老闆的衣著打扮。

「你羨慕行車記錄儀工廠的女老闆嗎？十年後想成為那樣的女人嗎？」

「有想過。如果生活比較好的話，比較嚮往……」

燦梅·塘尾

　　紅豔打斷了她：「我覺得不靠譜」。燦梅這時停頓了一秒鐘改口說：「對對！」

　　燦梅知道，想要成功就「可能要很拼，才有這個機會」，而「拼」，在她的字典裡不是不吃飯不睡覺地工作，而是「不斷學習新的東西」。她還沒有給過自己什麼期限去完成什麼事，她連方向都沒有想好。

Q：來深圳之前，想過以後要做什麼類型的工作嗎？

A：導遊之類的，或者設計。現在沒有這個心了，現在的話就覺得哪方面發展得比較好的話，可能有可能就去做那個。我從來沒有出去旅遊過，外省只去過廣西。

Q：女性一定要有自己的工作嗎？

A：一定要。我覺得的話就如果一個人沒有，什麼都沒有依賴的時候必須有一個獨立工作，因為你一個人你也可以生存，不需要任何人。

Q：在你從事過的職業裡，最喜歡哪一個？

A：最喜歡在超市。因為電銷類的話就（公司裡）人比較少，很安靜，然後大概就我們那幾個同學說話，就沒有其他人了。

Q：失業期間會無聊嗎？

A：會。有時候約朋友出去玩。有時候一個人看電視，就看一下哪個人沒有上班了，就去約。如果一天沒事做的話，比如說今天出去玩兒，前面一段時間出去玩兒的話，突然間在家裡面就覺得很煩躁。

Q：你對自己的現狀有不滿意的地方嗎？

A：還沒找到自己的方向。就如果進入這個（美容）行

業的話，現在想的話就沒有什麼了。現在美容行業
越老的話就越吃香。

■

目標是公眾號
粉絲破萬

紅豔

她原創了一篇文章，對比了周圍幾個大廠的工資狀況，細緻到年終獎、月薪、加班費等，有沒有住宿，包不包吃住……。

發佈後，三天的瀏覽量就就達到一千多了。

「這是最成功的一次推送」，紅豔說，她甚至因此獲得了生平第一次來自讀者的微信打賞，四塊錢。

「我17歲出來打工，跟我姨去了浙江紹興一家『做衣服的小作坊』，每天工作13-14小時，週末不休息。第一個月發了1,500元工資，那是最高的，平常的就是一千多一點點，一千零幾塊的樣子。」

「幹了半年後，深圳這邊有個反正八竿子也打不著的一個親戚，說深圳工資比較高一點，我就跟著過來了。」

紅豔說起自己來深圳的原因時，寥寥幾筆。

深圳六年，她在鐵皮搭的廠房裡做過手機殼，唯一記得的片段是那座廠房「很熱」；她做過「各種各樣的工藝品」，記得那些工藝品「挺好看的」；如今，紅豔在一家日本工廠製作太陽能電池配件。這種電池在電子錶裡使用。紅豔在這家工廠待了兩年多，算起來是她職業生涯裡最長的一段經歷了。每天，她的工作是在流水線上重複打膠、目檢等程式，將配件正確安裝，再檢查其他人的安裝是否合格。「這樣挺簡單的，也算是流水線嘛，但不是那種大型的流水線，大型流水線一般都有好幾十個人，我們五六個人，大家一起做，做完大家都可以一起休息，相對來說比較輕鬆。」

除了相對輕鬆，這家工廠的底薪比深圳法定最低工資還高一些。今年她的每月底薪漲了145元。「每年四月份都有績效，績效就是看老大喜不喜歡你，我們這條（流水線）人，性格和我差不多，所以也比較合得來。」有些同事在這家工廠已經供職很長時間。她所知道的工齡最長的工人入職那年，紅豔才剛出生。

她剪李宇春式的短髮，剛剛結婚不久，說話語速很快，帶著重

慶女孩的潑辣勁兒。訪談的開始，她常常說到什麼就自然而然地笑得咯咯聲，也多次形容自己是個開朗的女生，但是說到複雜的家世就不自覺地紅了眼睛。她在打工之餘，營運了好幾個公眾號，說到營運公眾號的經驗滔滔不絕。

你問我家？哪一個家？

紅豔的母親有三任丈夫。她一口氣說出了自己的身世：「我有三個爸爸，我媽媽生了四個孩子，我排老大。現在她身邊還有一個孩子，剩下的由爺爺奶奶帶著。我親爸在我四歲的時候就去世了，瓦斯爆炸去世的；第二個爸在外面做建築，拆房子的時候被電死了；然後現在是第三個爸，所以我妹才那麼小。（我們）不是同一個父親。你問我家在哪，我的第一反應是『哪一個家』？」

紅豔的童年被她形容為「顛沛流離」，她分別和外婆、姨媽、媽媽一起生活過，轉過兩次學，住過非常潮濕的木頭房子，那裡一下雨就漏雨。由於讀書成績不好，加上媽媽也沒有經濟能力供她繼續讀書，初中畢業後她就離開重慶，出外打工去了。

從小紅豔就像個男孩，調皮，愛玩泥巴、玩水，十歲前一直留齊耳短髮。她說「短髮方便」。因為經常轉學，她的成績常常跟不上，而且在學校沒有特別玩得來的朋友。「大家都顧著自己的學習，成績好的只和成績好的玩，像我這樣的人朋友很少。」

紅豔現在的繼父已經在廣東中山打工超過二十年，對他，紅豔

並不熟悉。她又補充說，「其實我和每一個爸爸接觸都不多」。她露出了悵然的表情，一時無話。母親在紅豔眼中是個固執的女人，獨自在家種地、養豬。即便養豬在紅豔看來是特別不划算的營生，但母親說「家裡還是要養豬才行啊，不然怎麼叫家？」

上初中時，母親把紅豔從姨媽家接回來一起住，她便幫著家裡幹農活。紅豔幾乎會做所有農活，最常做的是拔草和找柴火，偶爾還會幫著帶最小的妹妹。相比於帶孩子，她還是更喜歡做農活，因為「可以偷懶」。不過等到紅豔離家打工，「家裡又只能靠母親一個人了」。

母親坎坷的婚姻生活，成為紅豔背負一生的命運。鄰里鄉親對母親有太多閒言碎語，前兩任丈夫都死於事故，尤其是公公婆婆，認為她「命中剋夫」，害死了自己的兒子。母親不是沒想過自殺，每每最後時刻，放不下她的孩子們。

作為老大的紅豔，少年時代擦過母親太多的眼淚，聽過太多次訴苦：「她訴就訴吧，反正她除了對我訴苦以外，也沒辦法對其他人訴苦了。我也不知道該怎麼安慰她了，就聽著她在那兒說。」親生奶奶撫養過紅豔兩年，也曾經在她初中時試圖把她接去江蘇一起生活，不過紅豔拒絕了。

一邊安慰母親，一邊還得自己支撐自己努力活著。紅豔曾經也想過自殺。初中畢業後，相比外出打工，紅豔更想去念技術學校。但技術學校的生活費和學費都超出了母親的經濟能力，她便去找剛身故的繼父家人借錢。繼父因工去世拿到了一筆賠償款，但她一分

錢也沒借到。繼父家人用了各種理由拒絕了紅豔的請求。絕望的她去買了一瓶農藥，坐在樓頂上哭。

「就想著不讀書就沒希望了，不讀書一輩子也就這樣子了，沒辦法活了那種嘛，最後想一想，我死了我媽怎麼辦，我死了我外婆還在呢，她該多傷心啊。然後就想，唉，我還不能死，得活著。然後就活過來了。」

「我要是生活在一個比較幸福的家庭裡面的話，也許我的性格會是另外一種樣子吧，也達不到現在這麼開朗。因為主流文化就是女孩子要乖巧懂事啊，你不能出去闖，也不能一個人幹嘛幹嘛，但是因為我家裡面（的情況）我就必須得一個人出來闖，必須得一個人出來浪，出來掙錢。我媽也是，其實我媽也是把我當成男孩子在養，雖然她經常說，不要像男孩子那樣野，不要像男孩子那樣幹嘛幹嘛的，但很多事情她就讓我去做，很多事情她不方便出面的，就讓我去，因為小孩還是比較那個一些嘛，反正遇到事也不怕嘛。」

維運公眾號的能手

在深圳打工的日子裡，紅豔逐漸找到自己的同路人。她是個熱心腸，不去工廠上班的時候，會參與一些工人社會活動和公共事務。她開始接觸到「微工薈」微信公眾號——一個服務深圳工人的資訊平臺，主要負責發佈招工資訊、工人維權常識、勞工動態，逐漸對微信傳播產生了興趣。

2016年時，她聽說一個曾經分享網路爆款文章的微信公眾號，由於人手不足、缺乏維護，正處於非活躍狀態。紅豔那時只是這個公眾號的關注者，興趣驅動她找到公眾號的負責人，開門見山地問：「你們還要這個微信公眾號嘛？不要給我算了。」對方說：「這個公眾號不是我一個人的，我沒辦法說了算，他說你可以在裡面你想編輯啥就編輯啥，你想畫啥就畫啥，我也沒有什麼限制。」

　　紅豔得償所願，從此「我就把這個公眾號當作自己的在編輯。」她給這個公眾號取名「寶安之窗」，在那裡繼續編輯一些網路上的、和工人相關的熱門文章；後來又以類似的方式做了「福永新鮮事」，在「福永新鮮事」，她專注收集附近工業區最新的招工資訊。

　　「做公眾號，初衷是希望能傳播知識以外，還能聚集人。希望有更多人在現實生活中能多聊一下關於工人的事情。點擊量上來了我就高興了！」紅豔說。最初接手，初生牛犢，除了一腔熱忱什麼也沒有，甚至連如何「複製」和「黏貼」都不會。她去學編輯，發佈一篇文章的時間從幾小時變成半小時，又找朋友幫她一起搜集有價值的文章。

　　她為關注公眾號的粉絲建了微信群。對她來說，這是更直接和粉絲溝通的方式。「群裡面每天都有人在問，有沒有招聘資訊？有些人就會發出一些好一點的招聘資訊。我就會想，唉，我去更新一下，然後就會去更新一下。」

　　紅豔常常去發佈後臺觀察粉絲的變化，看有哪些人留了言。

紅豔・塘尾

「有成就感也有失落感，有點時候取消關注的人多了就，唉，怎麼有這麼多人取消關注了呢……」，她自己總結了一些管理公眾號的經驗，比如「大部分都是好久好久沒發文章，然後才掉粉絲的，一般發了文章上去都會加幾個（粉絲）」。有次她原創了一篇文章，對比了周圍幾個大廠的工資狀況，細緻到年終獎、月薪、加班費等，有沒有住宿，包不包吃住……發佈後三天的瀏覽量就就達到一千多了。「這是最成功的一次推送」，紅豔說，她甚至因此獲得了生平第一次來自讀者的微信打賞，四塊錢。

不違父母之命

　　紅豔說著她喜歡做的事情，眼睛裡有光。可是她知道空有熱情是不夠的。經營公眾號需要佔用一定的休息時間，而要想不斷吸引粉絲，還需要編輯具備一定的編輯技巧，從選題到設計標題，安排推送時間都有相應的講究。現在，紅豔一個人負責三個公眾號的更新，卻沒覺得是件困難或煩惱的事。

　　她也在試著自己寫文章，周圍的人也都鼓勵她這麼做。紅豔說：「期望等哪一天粉絲能『破萬』就很好了。」

　　她很少抱怨工作、家庭、愛好，但說到婚姻，卻忍不住開始吐槽。紅豔幾年前曾經在深圳交往過一個外省男友，但被母親知道後一票否決。在母親的傳統觀念中，女兒只能嫁給同鄉，兩家不能離得太遠，否則就屬於遠嫁，回不來的。母親得知了紅豔的自由戀愛後，一邊強力阻止，一邊不遺餘力在重慶老家為紅豔物色對象。一次回老家，紅豔認識了還在做建築工的丈夫，接受了母親的安排。結婚後兩人一起來了深圳。

　　「他是我的反面，」紅豔說，「孤僻，冷淡，就這樣子，唉。」紅豔的丈夫結婚前一直跟在父親身邊做工程，待在重慶，那是他的舒適區，「我老公是那種很木的人，不善於人際交往，就是認識的人跟他打招呼，你說話不大聲他沒聽到的話，他不會跟你打招呼，不理你的那種。唉，然後智商比較低，你說在家裡待久了，他也不用去人際交往什麼的，他爸媽就把這些東西處理好了嘛」。

紅豔認為，婚姻不是有選擇自由的。父母之命，不得不從。來深圳後，她託關係、「塞了錢」，把丈夫送進一家可以學些技術的工廠。丈夫不愛交際，所以紅豔依然像單身時那樣，週末獨自出門和朋友出去野餐、郊遊；他們也很少討論彼此的價值觀。紅豔不想生孩子，丈夫不理解但懶得聊。丈夫承擔家裡大部分的家務，紅豔說：「也不是一無是處，慢慢相處應該還過得去吧」。

　　前不久，丈夫來找紅豔要七千塊錢，這讓紅豔生氣：「他說騎自行車把別人寶馬撞了要賠，我就問他，那你有沒有報警，警察處理這件事情沒有，處理了應該有回執嘛，我說你給我看一下。他沒有報警，然後就說私了了，然後賠了那個寶馬的主人七千塊錢，人家讓你賠多少你就賠多少，他說人家讓我賠一萬呢，我還跟他講價了才賠了七千。」

　　七千塊錢超過他們兩人一個月的收入總和。紅豔更生氣的是，丈夫息事寧人的性格，或許讓這件事超過了他原本應該承擔的責任，但紅豔問不出更多的事故過程了。她最終還是給了丈夫錢去處理。像這樣的事情並非只此一件，在此之前，丈夫買手機還被騙去了四千元，等紅豔發現家裡的錢不見了，丈夫才和盤托出。至於究竟丈夫是否被騙，她無從得知。

　　幾年前紅豔做主張，借錢在老家重蓋了房子，勸母親從潮濕的木頭房子裡搬出來，也因此家裡負上了幾萬元的債務。加上紅豔結婚時，前後花費兩個家庭近十萬元，這筆債如今也成了她回應婆婆不生孩子的理由。「家裡還欠著錢呢，要多掙點錢才行啊。」紅豔

不想生孩子。每次想到這件事，她就不自覺地逃避，「就像讀書時放假就寧願待在學校不想回家，剛來深圳的時候放假也不想回家那樣」，「在家裡特別壓抑」，結婚後她被家人惦念最多的事情就是生孩子。原生家庭的坎坷讓她對生孩子這件事全無期待，而如今她還可以用「欠債」來對付一段時間了。

紅豔‧塘尾

Q：你日常關注的公眾號有哪些？

A：人間，經常看的就是人間咯，然後還有毒舌電影。還有就是一些養生的呀，什麼瑜伽公眾號啊，關注的範圍比較廣，就這些了，其他的也沒有了。

Q：你的夢想是什麼？

A：夢想？也沒有，沒有夢想的職業，但有想過說，等我長大了我去深山老林隱居算了。想過這樣，但是現在是完全不可能完成這個願望了。也沒辦法去想。有想過去遠一點的地方玩一下。我去過西藏，一個人跑過去又一個人回來。最開始是跟一個朋友約好了，說一起去西藏。等我把工作辭掉了，2013年，然後就跟她說，走，我們一起去吧，我現在把工作辭了。朋友就說，不行，我現在還有點事去不了。把我給氣死了，都已經商量好了，你居然不去，不去就不去吧，我一個人去。然後就從深圳買了到西藏硬座，坐了三天，三天還是四天，忘記了，然後就坐到西藏，去了西藏發現那裡的空氣很好，但一個人特別不好玩。然後就晃蕩了幾天，然後又坐那個回來了，總共才花了不到兩千塊錢。然後就這樣吧，以後出去玩一定至少帶一個人，不

然的話一個人在車上多無聊啊，找個人聊天都找不到。雖然說在火車上也會有一些比較能聊的，但是天南海北的跟你胡扯的那種，就聊不出個所以然的那種，然後就也不是特別好。還是自己有一個朋友能打發打發時間的話會好一點。

Q：在深圳工作這麼久，想過離開深圳嗎？

A：（身邊的人）來來去去的也有一些，大部分都是說走了一年半載了，然後又回來的。所以我也想過離開這個地方，然後去其他的地方看一下，額，發現自己做不到，這邊天氣吧、朋友。去那邊建立新的朋友圈，然後去找新的朋友覺得挺難的，在這邊，你不管在哪兒找工作，在哪兒幹嘛，你就直接在朋友圈裡問一下，誒，哪兒有工作啊給介紹一下，多多少少也有那麼兩個出來應一下你嘛，就算沒有工作，也說，誒，你出來找工作啊，那行，我幫你留意一下吧。多多少少就會有，唉，至少還有個朋友在身邊。感覺和你一個人去其他城市找工作啊生活啊就不太一樣。

Q：想好什麼時候生孩子嗎？

A：沒有。因為媽媽的事情，我覺得現在孩子就是一個包袱，我還承受不起。養小孩本來就是一件很辛苦的事情，然後這個環境，就是自己自身的條件也不

是特別好，生了不養很難過，沒辦法接受那種的事情，我沒辦法接受把小孩子放到家裡面讓爺爺奶奶養，然後一年到頭都見不到一面。

Q：有過崇拜的偶像嗎？

A：崇拜的偶像？之前沒有，現在有了，列寧！怎麼說嘛，雖然我沒怎麼讀過他的文章，然後最近看有個公眾號發了一篇文章是講列寧的嘛，誒，然後就列了他一些照片，然後講了他一些事，然後我覺得這個人好厲害啊，還長得這麼帥。哈哈。然後就覺得我應該像他這樣子，然後就為工人做些事情，然後能盡自己的力量讓周邊的人生活得更好，讓自己生活得更好。是這樣。

■

小妮

我的十二星座男友

她寧願被人家說是個「物質的人」，這樣朋友介紹對象的時候，也會節省很多時間，過濾掉那些經濟條件欠佳的人。

有人說小妮幼稚，她不以為意。

她反而認為只有對未來缺少規劃的男人，才會覺得注重物質條件是一種幼稚。

小妮（化名）不在流水線工作。她念書時學的是藥劑專業，現在在表姐夫開的公司裡做禮品銷售。她臉龐小小的，身材也嬌小。一頭微捲的齊肩髮，髮梢還看得出一段之前染過的金色。深圳七月炎熱，這一天她穿了一件碎花圖案的連衣裙，遠遠走來像一位女學生，看上去比實際年齡更小一些。

　　2017年，她25歲。童年時代曾離經叛道——離家出走、通宵玩網遊、不服長輩管教。後來來到大城市裡討生活，卻反而相信城市的生存規則，不再叛逆。就像在遊戲中升級打怪一樣，隨著工作經驗的累積，她的工資與職位也逐年「升級」。

　　與收入和抗壓能力同步成長的，還有自己的戀愛。小妮大方談及過往的戀愛經歷：「十二星座裡，好像就是天秤座和處女座的人我沒交往過。」同齡女孩子中，她屬於特別相信星座的那一群。在評判一個人的時候，會不自覺地為對方加上「星座」標籤。比如說自己：「我是天蠍座，脾氣比較暴躁一點」。如她所說，還差天秤座和處女座，她就「集齊」12星座的男友了。如果下一次遇到處女座的男生，小妮希望能好好瞭解一下，「除了天秤座，不喜歡」，她說，「因為他們特別摳。」

　　她的微信暱稱是「SUFFERING」，在個性簽名這一欄，她寫道：「其實我也很脆弱，只是獨立慣了。」

留守兒童也是「網癮」少女

　　小妮出生在重慶一個縣城，是家中的獨生女。父母分別在四川攀枝花和山西打工。三人各處一地、各自生活，是這個三口之家的常態。「也不知道怎麼說，反正我在哪個地方我爸媽從來也不會管我，我爸媽關係本來就不好，去年他們離婚了，他們平時也沒有在一起，就過年才回家。」父母離婚至今，沒有組建新的家庭。

　　「（小時候）我媽可能帶我的時間不超過一個月」，雖然記憶不清晰，但她隱約知道，自己從出生到8個月是由表哥的外婆帶大的，8個月大時又被父母託付給親外婆照顧。外婆身體不好，爬不了樓梯。縣裡賠付的拆遷安置房是樓梯房，條件較好，外婆住得卻反而辛苦，所以婆孫倆依然長期在低矮的瓦房裡住著。那時，外出打工的父母，每個月在信封裡塞200元現金，郵寄回家作為小妮的生活費。小妮只有在春節那一周才見得到父母，偶爾和他們打一次長途電話。

　　小妮自認脾氣壞，「外婆、媽媽也都沒有好脾氣」。她不愛念書，初中在鎮上讀書時迷上了上網。她最喜歡的遊戲是勁舞團，常常在網吧打到通宵。長此以往，她的叛逆逐漸不受控。初三那年的國慶黃金周，小妮沒回家，拿著父母剛給的200元生活費，直接在網吧裡住下，又和外婆撒謊稱自己住在表妹家裡。不巧期間外婆碰見表哥，謊言被戳穿。外婆心急如焚託人警告她——「你回來我要打死你」，又和在北京的小妮媽媽打電話，說自己管不住小妮了，請

求媽媽回家。

　　小妮聽說外婆大怒，反而不敢回家，身上的200元也很快就花光了。為了躲避外婆的拳腳，她甚至跑去山坡上的涼亭裡過夜。「我叛逆期的時候自己都不知道自己在做什麼」，「聽說我媽要回來，我想她肯定傷心死了，我肯定要被打一頓。」媽媽因為這件事從北京回到重慶，也停止經營在北京的小本生意。不過和小妮預想不同，提起這件事，媽媽輕描淡寫一筆帶過，未對小妮有任何責難。

　　雖然和父母相處時間都少得可憐，小妮卻一直喜歡媽媽，不喜歡爸爸。「我就是很喜歡我媽，我和她經常要吵架的，對著吵，但媽媽什麼都讓著我，上學、工作，全部她都聽我的，不會要求你應該要怎樣。」她很少提到爸爸，爸爸也甚少參與她的成長和決定。剛讀中專的時候，媽媽給小妮買了一部600元的手機；一年後，OPPO品牌的手機風行，小妮又想換一台998元的OPPO。當時爸爸特別反對，認為她太過浪費，她卻以絕食要脅。媽媽看在眼裡，私下卻悄悄給小妮買零食，也最終滿足了她的願望，帶她去買新手機。她和小妮說：「我怕你在學校裡省吃儉用，把身子餓壞了。」

　　生活中的這些關照，讓小妮和媽媽走得更近。雖然小妮知道，媽媽也不是完美的人。她愛賭，愛打麻將。當初村裡拆遷安置給家裡兩套房，媽媽打麻將，就輸掉了其中一套。但無論媽媽當下的經濟情況如何，對小妮也始終慷慨。即便小妮開始掙錢了，媽媽也偶爾幫補，她希望女兒在生活中別虧待自己。

禮品銷售初長成

小妮中專畢業後，在離家不遠的成都找了一份藥房的工作。「因為和藥房裡的人相處不愉快，我就辭職了。後來又去一家服裝店和飾品店上過班。」小妮在成都待了近兩年時間，最後的那半年她沒有工作，很快又開始通宵打遊戲。除了工資太少、工時太長，她沒說太多在成都待業的原因，只是後來待業久了，她也開始感到無聊。

家人、尤其媽媽建議她去深圳試試。小妮的表姐夫當時在深圳開了一家公司，從事禮品貿易，為企業採購禮品提供服務。小妮問表姐夫「還缺人嗎？不缺人我就不去了。」表姐夫知道後，讓她先來。

家人眼中三天打魚兩天曬網的小妮，來深圳的四年多時間裡，卻一直在表姐夫的公司工作，沒有再換過工作。她從前台接待做起，一年後，表姐夫又請她接管一部分財務工作，為公司處理內部賬務，小妮進步很快。財務對小妮來說是全然陌生的領域，她沒有知識、沒有經驗，亦步亦趨跟著有經驗的前輩學。為了快速提升自己，她還花了4000多元在一家教育機構報了一個會計班。只不過她只上了幾節課就沒再繼續：「那些會計書我看不懂，看著打瞌睡，實操的時候還比較好，就是教你怎麼做賬啊，我對實際操作那種東西可能比較敏感，但對看書真沒太大的興趣。」

一年多前她轉到了銷售崗，正式成為公司的一名銷售。銷售

於小妮又是一個新世界，「這個新工作不能說喜歡，也不能說不喜歡」，小妮說。她最介意的是銷售對應的工作壓力。每個月公司會給銷售員定下目標銷售額，沒有完成的銷售員需接受公司處罰。公司的目標銷售額設計得頗為激進，通常這個月需要完成上個月的150%。她的客戶通常只能完成最低銷售目標，離公司開出的目標額還差了不少。小妮日常對接客戶公司的四個採購員，如果採購員能在小妮推薦的禮品採購系統中多採購一些，即提升了她的業績。

說到現在的工作，小妮流露出苦澀的表情。但她又說「表姐夫的公司逐漸成型，如果我回重慶，應該找不到類似的機會，深圳的工資也比較高。」最近一段時間，小妮的月收入都保持在一萬元左右，即便業績下滑，每月也能掙7、8千元。而且，在銷售的激勵制度下，小妮不知不覺地主動思考如何突破自己現有的業績。畢竟，如果業績翻番，自己的收入也將翻番。

每天她需要在禮品倉庫裡選擇適合客戶的產品。她所說的禮品倉庫，是一個類似積分平臺的線上採購系統。她算過，一個月至少需在銷售平臺中為客戶推薦20-30款禮品，才有可能讓現有業績提升。轉換銷售崗至今，她不承認更有成就感，但相信這樣的節奏能提高自己對產品的敏銳度。表姐夫對小妮的工作也越來越滿意。

「戀愛體質」的愛情哲學

小妮初二開始戀愛，和心儀的男同學以「今天你送我一顆棒

小妮・清湖

棒糖，明天我還你一顆棒棒糖」的形式，彼此認定戀愛關係。現在
回憶起來，她覺得讀書時的戀愛，男生都算不上真正意義上的「追
求」。而她真正認定的初戀，是中專時交往三年的男友。

　　「他的家庭環境其實很差，他們家在農村，山坡中央的那種，
你知道嗎？就是你要下車過過河，上上坡之類的家庭，我跟他說，
我一直覺得我們那個地方是農村，然後我看到他家那地方其實……
有點辛酸。」

　　雖然男友家境不如自己，但小妮依然認可他及家人：「他爸
媽是淳樸的農民，對我特別好，去他們家，他們不會指望我做家
務」。小妮來深圳後，她曾希望男友也來一起找工作。當小妮的工

資漲到3000元時，她和男友說：「你來深圳，隨便找一個什麼樣的工作，我們兩個一起上班，日子都過得下去。」但男友即便在家鄉待業，也從沒有來深圳奮鬥的打算。兩人隨著時間漸行漸遠，最終和平分手。

現在他已經在家鄉建立了自己的家庭，幾年前過年回家時，他約小妮再見過面，但小妮發現，心裡的遺憾在見到他時早已淡了。

小妮在深圳不缺愛情。她換了「不記得幾個男友」。並非刻意讓自己進入某段關係，對她來說，戀愛往往是水到渠成的事。只是戀愛多了，小妮挑選男友的標準也變得越來越簡單直接——人大方，家境好。

閨蜜說她這個要求太高，她卻辯駁：「不是說什麼有車有房有錢，至少他要有一個穩定工作，他自己家裡面要有一套房子對不對？那是最起碼的生活物質保障，如果連這一點都沒有，你難道真的願意跟著他一起從無到有嗎？你都不知道有沒有未來呀，除非他是一個特別上進的一個人，他特別有思想，那我覺得你可以去賭，但是像現在基本上我覺得很少有拿這種去賭的。」

有的戀愛夭折得特別快，幾個月就分手。小妮說，這和自己的暴脾氣有關。有時一段感情也因為現實原因無疾而終，比如異地、家庭不同意等等。從小和父母情感疏離，以致父母不太干預小妮的感情事。也因為很少回老家，親戚也不著急替她張羅相親。平日裡，她常常和閨蜜聊起彼此的感情生活，也一貫有主見。

她堅定對對方經濟條件的考量，並建議身邊的朋友不要在這一

點上大發善心：「如果要買房還要借錢付首付，你還沒有嫁過去，就負債幾十萬，如果是我我肯定不幹」。因此，她寧願被人家說是個「物質的人」，這樣朋友介紹對象的時候，也會節省很多時間，過濾掉那些經濟條件欠佳的人。有人說小妮幼稚，她不以為意。她反而認為只有對未來缺少規劃的男人，才會覺得注重物質條件是一種幼稚。

結了婚也要去上班

有房有車是可被衡量的現實，星座聽起來卻很玄。小妮戀愛時同樣很看重星座，她不覺得這和自己期望中的「有房有車」是一種矛盾。

她對處女座的男生最有好感，卻偏偏沒有交往過處女座的男朋友。小妮對處女座的好感來自──事業成功的表姐夫、某位上進的同事、某位很有想法的客戶，和對自己一直寬容體恤的母親。

星座成為她談戀愛之前的一種必要的占卜，也印證了前男友們和自己的搭配指數。

因為有了星座的對照，在對完美愛情的想像中，她並不只看重對方的經濟實力，也在意對方在追求中花了多少心思，是否尊重自己的想法，性格是否相容，是否有一致的三觀。

「我覺得女孩子結婚以後必須要工作」，小妮說。「因為當家庭主婦，就可能你聊的是家常里短，老公聊的是工作，他跟你根本

沒話題，如果是我的話，結了婚如果生了小孩那我就會給婆婆帶，然後我自己去上班，不管工資多少，但是一定要上班，而且也是為自己上班，因為這樣你在家裡面的地位也會好一點，人家就不會覺得你是個吃閒飯的。」

她常常被身邊的人認為過於強勢，愛表達自我主張：「比如我想要你這樣做，如果你不這樣，我們就玩完了」。除了曾經交往三年的男友放棄來深圳打工，被要求分手；還有男友是因為不願和小妮媽媽見面，踩到感情的底線。在原則問題上，她每次都當斷則斷，不留餘地。

她想做女強人。在內心深處，因為還有對美好愛情的期待，所以她並不願把愛情或婚姻當作冰冷的等價交換。如果經濟條件是必須的，那麼當對方不夠格時，就寧可自己去掙。「如果真哪天遇到一個他什麼都沒有，但是又很喜歡的人，那自己有的話就不會要求他有。」因為想要自己比別人都好一點，就想要自己出人頭地。

只不過這個願望，她自知還很遙遠，所以目前「還在努力地修煉」。她很喜歡一句不知出處的「名言」：「我為什麼要努力掙錢？就是為了以後我的愛情不被麵包所考驗。」

我行我素沒什麼不好

在小妮老家的社會關係中，女孩結婚前有很多段感情經歷並不是一件為人稱道的事，所以小妮幾乎不帶男朋友回老家。最親密的

媽媽也不完全知道自己的每段感情。小妮說，曾經村裡有姐姐談過兩三次戀愛，卻被老家的鄰居指點，不願再為她張羅婚事。「老一輩的思想我沒辦法改變，那我迴避你」，聰明如她，始終堅持自己的戀愛邏輯，並不會太為社會規範委屈自己，該讓人知道的她大方承認，不願被放在聚光燈下審視的私人感情，她也十分懂得保護。媽媽屬意的理想女婿是公務員，這意味著衣食無憂，小妮聽進去了，也並不會奔著這個方向認死理。

　　小時候她看著父母經常在她面前爭吵，就希望他們趕緊離婚。到了自己開始思考婚嫁的年紀，她也從不在感情中考慮太多中國人在乎的「面子」問題。她不介意離婚，她所不能控制的是另一個獨立個體的改變，「如果這個人婚前一個樣，婚後一個樣，你只能改變自己。」「所以女人一定要經濟獨立，人格獨立，全部都要獨立，你才有辦法到了那一步時衝出牢籠，有路可去。」

　　來深圳幾年後，再回去見家鄉的姐妹，小妮知道她和閨蜜的們的世界已經不一樣了。她也發覺自己一天天地被深圳改變了。「你會覺得家鄉的朋友目光很短淺，這個對你好，那個對你好，反正沒有什麼實質的東西。」她說，回到找男朋友的標準上，「他們總是建議我降低要求，可我憑什麼降低要求？我就是這個樣子。」

小妮・清湖

Q：你喜歡念書嗎？你認為教育對一個人重要嗎？

A：不太喜歡讀書，對於教育這上面，我個人沒有太大
的那種期望的。現在很多人其實他們自考大學、自
學，我就沒有過這些想法。我只是想在工作當中多
學習一些為人處事，然後還有就是如何做好自己這
一行吧，然後或者說是你以後出去可以做點什麼，
我更在乎的是社會實踐，因為我覺得讀書讀那麼
多，對我來說也沒什麼太大用。

Q：交朋友有什麼標準？

A：我微信基本不加陌生朋友，即使有段時間做香港代
購也基本不加。我第一眼看到感覺這個人不太舒
服，我可能就不太願意跟他們相處。感覺他的一些
言行舉止，或者說是特別小氣的，那我基本上就不
會跟他玩，因為我是比較開玩笑的那種，就是怎麼
樣都不會生氣的，如果說一個特別小氣的人的話，
那我就不會願意交朋友。我在深圳的朋友沒幾個，
有的是在百度貼吧裡認識的。

Q：你認為談戀愛要以結婚為前提嗎？

A：我覺得要看實際情況吧，當然談戀愛是想要奔著結婚
去，但是中途不一定每一段感情一談你就能成功，而

且其實相反的，我不覺得那種談第一次戀愛結婚的就比較靠譜。甚至其實我自己還有一種念頭，就是說可能閃婚比較好，結婚了之後再培養感情，如果你真的想要結婚的時候你再培養感情，你就有至少可以有幾個月的談戀愛時間來過渡，不像我們談戀愛談了幾個月就分了，那可能你結了婚之後就不一樣了。

Q：怎麼看待剩女現象？

A：我覺得30歲結婚都很正常，現在我才25歲，我還有5年時間。我覺得「剩女」也是有很大的一個社會原因，就社會感覺你嫁不出去了。我30歲為什麼就嫁不出去了呢？難道我就因為30歲了，就要隨便找一個人結婚嗎？緣分到了，你就該結婚，你不該結婚怎麼都結不了婚，總比你結了婚再離好呀。現在的人因為要結婚，降低要求，過得不太好，每天柴米油鹽，一個20多歲的小姑娘，看著像一個30多歲的婦女，我看到那種人覺得特別恐怖，很恐懼，所以說我特別不喜歡小孩。

Q：你認為當今社會男女平等嗎？你身邊存在男女同工不同酬的現象嗎？

A：這是能力的問題，我覺得男女基本上不會平等，女孩子會輸在力量，也會贏在細心和耐心。

■

多多

一顆與眾
不同的塵埃

出櫃的事情，她至今沒告訴父
母，可也並不希望一直撒謊。

她難以預估坦白之後的後果，對
父母，對整個村子都是如此。

自己大可以一吐為快，繼續回到
城市，隱匿在不被人關注的安全
形落；

可這樣一來，父母在家鄉該如何
與鄰里相處，和那些親戚們討論
「離經叛道」的小女兒呢？

多多（化名）人緣真好，這次訪談裡好幾個主角都由多多介紹給我們。她們都是多多的朋友。多多拜託她們接受採訪，她們相信她，即使她們不知道採訪中會被問到什麼問題。

　　多多的朋友多，可是如果說多多善於交際也不準確，至少訪問多多本人不是一件容易的事。

　　在見到她之前，聽說她怕生，在陌生的環境裡不願意和陌生人說話。所以訪問最終是在多多出租屋的床上完成的。初次見面，她睡眼惺忪，手機裡的影片還在自動播放。她有些害羞，訪談全程用手撥弄著被子。她說不上來正在看哪條影片，但說喜歡看《熱血尖兵》，一部描繪90後特種兵部隊生活的電視劇；平時也看日本動畫片，比如《網球王子》，床邊貼滿日本動漫海報。

　　最近因為換工作，多多剛從廣州搬回深圳。行李不多，包括一個貼滿卡通圖案的小櫃子，和一隻一人高的絨布玩偶。

　　多多平時休閒打扮，穿球鞋，戴鴨舌帽。她長髮齊腰，隨性一束放在腦後。多多說：「讀書的時候我一直都是短髮，但是出來工作以後，大家會說『只有男孩子才留短髮』。反正有一些人會議論，我就留長髮了」。

　　剛來深圳時，同在深圳打工的表姐也強迫多多去買裙子，希望她「像個女孩兒」，她們不喜歡多多的男孩打扮。多多內心卻萬分抗拒。

　　她再次剪短髮，是2015年出櫃的時候。

「我沒有戀愛過，不想。」她說。

物料員更愛流水線

2011年，剛讀完初中的多多離開家鄉湛江，來深圳打工。那時的她還沒有到法定辦理身分證的年齡，找工作時只好找表姐借了身分證。「她和我長得挺像的」，多多說。多多服務的第一家工廠有三位老闆，其中兩位老闆是多多湛江的同鄉。她在親戚的介紹下進了廠，在那裡做過流水線，也做過物料員，負責看管倉庫。廠裡的人稱呼多多用的是她表姐的名字，叫著叫著，她聽習慣了，慢慢也就答應下來了。

由於進廠時她還穿著校服，同事們都把她當學生工，日常生活中也更照顧她一些。那張借來的身分證，她只在進廠招工的時候用過一次，並不影響後來領到自己的薪水。工廠為員工提供的宿舍是不帶獨立洗浴的八人間，多多不願意住在那裡，便在工廠附近和堂姐合租房子住。工廠不提供食堂，加上天天都要加班……「真是『心碎』」——多多雖然不愛說話，但偶爾迸發的形容詞很有趣。

這家工廠生產電子煙產品。多多在流水線工作時，一條流水線十幾個人，大家需要共同完成產品的一道工序；後來她被調去做物料員。

清點物料並不比流水線更輕鬆。「看管倉庫壓力更大，因為每個月底都要盤點一次，每半年還有一次大盤點，我靠，會瘋掉！」

多多吐槽。工人在流水線工作時，車間裡通常有主管來回走動監視工人的操作，相對來說沒那麼自由，但多多還是更喜歡在流水線上工作，「因為流水線上可以有人和自己說說話。」

在這家工廠裡，不少新入職的員工都曾經受過老員工的欺負。他們中不少都曾經受過老員工的欺負。「老員工待的時間比較長嘛，他們做事情的速度更快，更瞭解工序和流程，所以新員工每次都會被罵，甚至有時候廠裡面招人會有面試嘛，新員工來面試的時候，老員工故意把工作難度誇大，把新員工逼走。」多多說，老員工這樣做的原因：「因為他們如果把新員工教會了，加班的時長就不如之前多了。」

加班費能給工人帶來更多收入。根據中國勞動合約法的最新規定，雇傭單位要求員工於工作日加班時，需支付員工不低於1.5倍合約工資的加班費，休息日加班工資不低於2倍合約工資，在法定公休日加班，加班工資需不低於合約工資的3倍。

「如果教了新員工，他們可能沒班加了。」多多說。

大哥最值得信任

多多家裡兄妹4個，她排行老么，在三個哥哥的映襯下，她承認自己是家裡最受寵的孩子。這是一個平時很少交流的家庭，一家人都不愛說話，父母老實，被村裡人欺負了也總是忍著。他們起初並不想讓多多那麼小就出去打工。

多多爸爸曾說，只要孩子想讀書，就算他去借高利貸也會繼續供，並不打算偏袒誰。家裡經濟狀況還過得去，三個哥哥裡面，兩個念到大學，一個念到高中。只有多多，初中畢業就不想再讀書了。14歲的多多，其實無法通過正常途徑，進入任何一間工廠工作。但提到讀書，她便露出厭煩的表情。「他們（家人）知道把我關在家裡也沒用，想乾脆放我出來，在外面玩一段時間，（我）覺得外面的生活不好就會（自己）回去了。雖然我出來以後，就沒有回去過。」

「嗯，雖然想過（回家），但還是不想回去。」她補充。

出來打工這些年，多多只有在和表姐天天吵架的那段日子想過回家，一走了之。「表姐從小在我家長大，我媽疼她，我從小就吃她的醋。她自己的家裡有四個弟弟妹妹，上面還有一個大姐。她初中畢業以後就出來打工，供弟弟妹妹讀書，脾氣有點大。我剛出來的時候，生活習慣上她也看不慣我，覺得我被我爸寵壞了。」

親戚照顧，爸媽寵愛，大哥尤其疼這個小妹。在廣州讀大學的大哥，除了在生活上幫助妹妹，對妹妹的生活、情感也很照顧。多多出櫃，大哥是知道的，他也是唯一一個知道這件事的家庭成員。

大哥對妹妹的出櫃表現得寬容大度：「他說是因為你現在還小，然後又跟著一群女孩子混在一起，不這樣才怪。直到今年過完年之後，家裡散了會，他就給我發了一條訊息說，去喜歡你自己喜歡的，跟自己喜歡的人在一起就好了。」這條短信，她看完就刪掉了。

在多多眼裡，不愛說話的大哥最值得信任。他總是把事情攬在

多多・大湧

自己身上，不想和別人說的事情，告訴他他也不會說出去。大哥最近大學畢業了，似乎已經在實習，不過好像已經辭職了。再詳細的近況，她也說不出來。

2014年她和一個女生朋友一起回家過年。堂妹堂姐私下問多多，「你是不是同性戀啊？」多多說：「沒有。」

出櫃的事情，她至今沒告訴父母，可也並不希望一直撒謊。她難以預估坦白之後的後果，對父母，對整個村子都是如此。自己大可以一吐為快，繼續回到城市，隱匿在不被人關注的安全角落，可這樣一來，父母在家鄉該如何與鄰里相處，和那些親戚們討論「不正常」的小女兒呢。

關於她戛然而止的學業，剛離開家的那幾年，父母還一直在勸多多回家繼續讀書。現在，他們也不再提這件事了。

我是女生

讀小學時多多就意識到了自己喜歡女生，只是當時連自己也不確定這種感情是什麼。現在她倔強地說自己不想戀愛，不會戀愛，沒有戀愛過……4月的天氣，多多說起這些額頭上冒出汗來。

「我喜歡過三個女孩，第一個女孩快要結婚了，應該是農曆三月二十號，今天幾號了？」

「她請我回家參加婚禮。我當然不去。」

「她是我外婆家的鄰居，從小一起長大，她初二就沒有繼續念書，在廣州打工。我暗戀了她四年。」

「我沒有告訴過她。」

「呃，因為她喜歡男孩子。」

她說最後這句話時一頓一頓地。她一個字一個字吃力地說出來，聲音低得幾乎聽不到。

另一個女孩是在多多參加公益活動的時候認識的。她是2016年暑假來廣州實習的女大學生，她們朝夕相處了一個多月，一起參加工人的各種志願活動。那段時間因為床位不夠，她們每天都睡在一起，偶爾打鬧，親密無間，逐漸地，多多對她產生了愛情。有一天晚上，女大學生問多多「你是不是喜歡我啊？」多多當時沒有回應，確切地說是她不知道如何處理這段關係。

這場突如其來的「告白」之後，她們依然一起生活，每天抱著入眠，甚至在眾人面前半開玩笑半認真地接吻過，待女孩的實習期

結束，感情意料之中地無疾而終了。「她是大學生，我是中學生，我也沒有錢，我配不上這樣的女生。而且她有男朋友了。」實習結束，女孩回到學校，她們的聯絡也退回到了幾天一次的微信聊天裡。

在多多後來回憶這段感情的日記裡，她這樣寫到：

我內心是很想和她接近的，她也從來沒有放棄「騷擾」我。我會經常不和她說話，用眼睛瞪她。可她就是不退讓，在我旁邊一直念叨，想要我理她。我很想去理她，但是我不能這樣做。可在她各種軟磨硬泡下，我每次都不得不投降，與她和好。

其實很多時候，我難過並不是因為她，我常常會毫無理由陷入痛苦之中。這種痛苦從小時候一直伴隨我到現在，有很多早該放下的東西我都放不下。她看見我這樣也會自責，看見她自責我只會更加痛苦。……我們說了很多話，我知道她一直想讓我從痛苦之中走出來，可是她不知道根本沒有人能幫到我，除了我自己。……她走的那天，我幫她收拾東西，心裡很難過，但我還是裝作什麼事都沒有一樣。送她到公車站的時候，我心情很沉重，就像心裡壓了一塊石頭一樣喘不過氣來。我想我和她可能再也沒有機會見面了。告別了她之後，我憋了很久的眼淚終於奪眶而出。

至今多多的床頭的牆上還保留了一塊區域，那裡貼滿了女生在廣州實習時，和多多的合影。還有一些是她的單人照片，大部分單

人照片是多多當時為她拍的。

出櫃之後

　　最初確認自己喜歡女生的時候，多多自己也會懷疑這樣的情感是不是不對的、不正常的。廣州、深圳的工人朋友卻不會介意。在廣州模具廠工作時，一度她的同事們也都知情。偶爾有女孩兒和她走得近了，大家也只是半開玩笑地提醒那女孩：「你小心點，多多喜歡女孩子哦！」因為公開了性向，她還收穫了一個哥們兒。有時大家會在一起聊感情，那男生也願意把心事告訴多多。

　　多多並不會因為想要找到認同感、避免被身邊的人孤立，而刻意尋找工廠裡的其它女同。她單純地將自己的心事分享給別人，不在乎有多少人和自己一樣。她最初說，沒有因為公開性向而遭受過傷害，周圍的人對同性戀愛越來越包容……「也不能代表全部吧。」她想了一想，又改了口。

　　每當朋友問她：「你喜歡什麼樣的女孩呀？」多多會特別害羞地笑：「我也不知道……」這個話題進行不下去的時候，她又自己打開話匣子：「看著順眼的，聊得來，不過好矛盾耶，我也不知道，有時候要看心情，心情好的時候喜歡愛說話的女孩子，心情不好的時候喜歡安靜的。」

　　她當然有不被理解的時候。多多不是那種誇誇其談的女生，在和他人對話的時候，有時表達不清楚自己準確的心情，她也莫名難

受。朋友的一句調侃，也會令她覺得不舒服。有一次，喜歡的女孩和她開玩笑說：「我帶你去找男朋友吧，帶你去買裙子！」提到這茬，多多至今激動。她回憶那次玩笑還是生氣：「她明明知道，又何必講出來！」

她需要傾訴，但大多數時候還是像隻敏感的小兔子。出櫃前兩個玩得不錯的女生朋友，出櫃後基本不聯繫了。「我不會再聯繫她們了，因為我覺得沒必要。」雖然她沒有說具體不聯絡的原因，但說出這話的多多，心情有點低落。她也習慣了一個人躲著哭。她承認出櫃以後哭的次數也比以前多了，這和她最初形容的──出櫃前後生活「沒什麼分別」、「大家都很理解」的說法自相衝突。

想必是吃了很多的苦，也承受了那些並不善意的議論。但她說：「我最期待的是得到家人的理解。我覺得這很難。」多多回到家就不怎麼說話了，那個沉默的家庭並不會因為多多難得一次回家，而變得哪怕熱絡一些。「我覺得很累。我父母還好，他們至多是比較愛面子，我家裡背後還有一群人（指親戚）……」

輾轉工廠間

自從離家出來打工，多多換了好幾個工廠，工資也一直在上漲，不過積蓄一直為零。2011年剛進廠的時候她一個月的工資有3000多元，除掉房租還有伙食費，一般還剩2500元，那時她不怎麼花錢，花不完的錢一律寄回家。工作第二個月，表姐給她買了一部新

的智慧型手機，999元，「是可以上網的那種。」

現在她的工資漲到四千多，反而不寄錢回去了，因為個人花銷大了。「沒問家裡要就不錯了。」她笑著。

這幾年兜兜轉轉，從廣州到深圳再回廣州，她不斷更換工廠。她曾經服務過一家規章制度極為嚴苛的電子廠，在那裡公然和上司頂撞起來。「他叫我做這個我偏不做，不要聊天就偏在那裡聊天。」她被責罵，長期加班，如果工作中製作了不良品，加班工資還會被剋扣……「因為他是流水線，就一條線嘛，就凳子也要搬整齊，不能踩斑馬線但也不能壓著斑馬線，然後也不能說話。」一年以後她辭了職，轉去一家模具廠工作。沒有相關經驗，在新的工廠多多要從學徒做起。沒想到這份工作的壽命更短，一個月後，工資都沒拿她就再次離開了。「那家工廠的老闆炒菜太噁心了（食物衛生不好），所以我不想，我覺得我受不了。然後當時也有點受不了那個工作，然後就不幹了。」

少言寡語的多多，一直在找一份可以在上班時間自由說話的工作。對她來說無論是坐流水線還是按件計費還是管理倉庫，都各有各的好處，她總是能形容出每份工作好的地方，有時也輕易地否定一份工作，毅然決然地辭職。一定要做個比較，她還是最愛流水線。因為她說「坐著上班是最舒服的。」

與多多聊天的此時，她也正在失業狀態。她打算再找一份流水線的工作，在工作環境比較自由的前提下，去一家工傷不那麼高發的廠。畢竟之前在模具廠、塑膠廠，她聽過不少工傷的個例，職業

病則多在電子廠和建築業。她朋友多，幾個姐姐也都照顧著她，她想，情況再壞，也不至於走投無路。習慣了一邊做一邊看，萬不得已，她還可以回老家，家裡父母也歡迎她回去。

重度手機依賴

她直截了當地承認自己得了「手機上癮症」。多多的室友說：「她是手機重度消費者，讓人感覺不眠不休地在不同的群裡面同時聊天，可能需要超能力才能做到。」

2010年還在老家的多多就註冊了QQ，那時她在QQ空間裡寫日記；2014年，多多開始玩微信，拿起多多的手機，前面一直在閃動的是各種各樣的群聊，算了一下大約有幾十個群。日常生活裡不愛說話的多多，在每個群裡都是活躍分子，「因為人多好說話。單獨和一個人說話很那個，（很無聊）」，多多說。在多多展示的這個微信小號上，已經有了484個好友，這還不包括之前的那個已經不活躍的微信。我們表示驚訝，多多卻搬出另一個工友的例子，來解釋自己不算什麼：「我在廣州的時候認識一個工友，她的微信有五千多人。你認識劉玲（音）嗎？」

多多不喜歡旅遊，理由是太累。休息日沒有非出門不可的事情，她幾乎都選擇坐在家裡。她會做簡單的飯菜，和室友一起買菜、做飯，樂得自在。她喜歡玩手機，卻對手機遊戲沒興趣，「去年有在手機上打遊戲，打撲克。打了一個月，就卸載了（浪費時

間）。當時是因為我同部門的所有人都在玩這個，就我一個人沒有玩，然後我就下載了。」

她通常只是用手機看影片和聊微信——看最新的熱播電視劇、動畫片，和工友聊天，和喜歡的姑娘聊天。對她來說，沒有什麼群組是值得開啟「免打擾」功能的，這意味著她的手機會持續不斷地發出消息提醒。因為太過依賴手機，她幾乎每晚都熬夜，熬夜和群裡的人聊天，這些人多多都認識，有的就在同一個城市、同一個社區，可是她還是更喜歡在微信群裡和大家聊天。

大家都說，網上的多多和現實生活中的多多是兩個人。

後記

最近一次見到多多是在深圳，她正在熱心幫忙介紹新的女工朋友給我們認識。而再下一次聊到她的時候，又聽說多多已經離開深圳，回到廣州了。也許她在熟悉的城市找到了新的工作，也許她正計畫著回家鄉。還聽說，新的單戀對象拒絕了她。

多多閒暇的時候也寫詩。她的詩句裡有一句寫：「我是一顆與眾不同的塵埃」，像是給自己下了個注腳。她覺得自己挺渺小的，也覺得自己和其他人不一樣。

多多・大湧

多多

Q：你曾經在無塵車間工作過？

A：是的，我那時工作的工廠生產一種鏡頭。你進去車間的話要穿他那個無塵服。然後還要過一個門，反正像是過鬼門道一樣。穿上無塵服進車間之前，要吹掉身上的灰塵，戴透明眼鏡，反正就只看到你的兩個眼睛。很悶的。而且半個月才換一次無塵服，然後過了第五天就臭了。有空調，然後他有一個更衣室嘛，這個車間裡的人全部基本都是在這裡面換衣服。所以會很臭。因為他做的那個鏡頭是很精密，然後不能有任何東西進去，包括灰啊這些。有的話就相當於已經報廢了。我在的那個崗位是負責把那個鏡片，就，把，看鏡片嘛。（有灰）就把它擦乾淨。如果不合格會被上級罵。

Q：出來打工認識的最好的朋友是？

A：最好的朋友沒有在這邊，她離開了。我們經常聊天，然後她也給我講一些，反正兩個人一起讀書。也不是（無話不談），只不過我們會一起讀書。她休息的時候會自己看書，然後（給我）講馬克思主義。因為是她帶著讀，所以也還好啊。也沒有規定，反正就是她想講就講。（她是）最好的一個

（朋友）。她現在回老家了。去年在廣州的時候，她剛開始講的時候是說她一個月之後會走，結果突然間，她沒有跟我講，第五天她就走了。

Q：你會在網上交友麼？

A：不會。我前兩天才丟了一個（QQ）漂流瓶，上面寫著「反性騷擾」。（笑）那天是五一，反正就無意中就看到了漂流瓶嘛，然後我就點進去了，然後剛好撿了一個，他就說，來聊天嗎？然後我就沒有回他，然後就丟了一個出去。就寫「反性騷擾」。然後後面把對話方塊關掉了。

Q：你是什麼星座？

A：水瓶座。我不相信（星座）。

Q：後悔出櫃嗎？如果時光倒流，你還會選擇公開性向嗎？

A：不後悔，因為講出來好受一點。不過如果時光倒流，我會選擇不講出來。不講就不會像現在一樣流那麼多眼淚。但是可能別人會叫你結婚。我只希望別人不要叫我結婚就好。

■

攝影師手記
我不知道你在想什麼

周廈中

　　我特別幸運，朱曉玢找到我來拍攝深圳女工。我常住廈門，多年來一直想拍攝廈漳泉地區的外來務工人員，但苦於找不到合適的切入角度。

　　師出需有名。以什麼樣的名義接觸，並闡釋拍攝思路，不同的選擇會得到差異巨大的拍攝結果。這次拍攝，是朱曉玢送給我的禮物。

　　何況，深圳顯然是比廈漳泉地區更具代表性的拍攝選擇。這是真正的中國改革開放奇蹟之城，沒有之一。和深圳相比，廈門、珠海等其他經濟特區，差距真不是一般地大。這真是一個沒有老人的城市，也是一個改革開放四十年羈絆最小的城市。以我三十多歲的年紀，在深圳已不算一個年輕人。這是深圳最大的特質之一。

　　早幾天看到一條外媒報導，預判深圳將成為最重要的全球經濟中心，沒有之一。這結論是根據人口結構、人均學歷、政策導向、人才吸附力、宜居指數等諸多因素研判，說服力蠻高。

　　而我拍攝的12名深圳女工，她們是這奇蹟之城的基石。此刻我寫這篇小文，願起身面朝深圳，向她們脫帽致敬。

從工作地到住地，是入鏡女工在工作狀態與生活狀態每天不斷切換的過程。她們在這兩點一線之間的某一點選擇站定，面朝家鄉的方向站立，然後我摁下快門。此刻，她們究竟在想什麼？我不知道，我也不願知道。

　　攝影最大的魅力正在於此，以片面闡釋完整，以已知想像未知。

　　她們在深圳逐日奔忙，她們身處這2,000萬人口巨城的底層。我若去深圳，也一樣和她們微不足道。這真是一個容易讓人覺得自己渺小的城市。

　　拍攝的時候我只是告訴每一個拍攝對象，你可以想著家鄉的任何事，開心的，或不那麼開心的，都可以。所以我和尖椒部落的雅清三次奔忙於廈門和廣東各地，得到這一組照片，名字大約可以叫做「我不知道你在想什麼」。

　　有人的眼神放得很空，有人的眼神裡有些許慌亂，有人的眼神很安定。因性取向等各種複雜原因，部分女工選擇以模糊的背影出鏡。這是現階段的社會現狀，逼迫她們作出這樣的選擇，雖然她們並沒有做錯什麼事。社會會進步，我相信有一天再拍攝類似的照片，她們一定可以坦然面對鏡頭，並無所畏懼。

　　每個異鄉人都在世間懵懂前行，在生活與工作上奔波，偶爾也一定會想起家鄉。她們關於家鄉的記憶，一定不會全部美好。

　　我們，和她們一樣。

萬萬：距離老家湖北天門1032公里；現住六約，工廠曾在六約

小琴（化名）：距離老家湖南衡陽祁東縣652公里；現住六約，工廠曾在大浪

江華（化名）：距離老家湖南邵陽市665公里；住在官田村，工廠曾在石岩

書尾：距離深圳624公里；住在湛江市徐聞縣龍塘鎮湖仔村，現經營農家燒臘主題
　　　餐館

丁當：距離老家甘肅天水2093公里；住在六約

飯飯：距離老家廣東省羅定縣333公里；住在橫崗，工廠曾在布吉

曉娟：距離老家韶關227公里；曾住在松崗，工廠曾在佛山南海

小五（化名）：距離老家湛江吳川453公里；住在清湖老村，工廠在清湖

斗斗（化名）：資訊暫不提供。

燦梅：距離老家肇慶市186公里；住在塘尾，工廠在塘尾

紅豔：距離老家重慶1395公里；住在塘尾，工廠在塘尾

小妮（化名）：距離老家重慶榮昌縣1510公里；住在清湖老村，公司在彩煌工業園

多多（化名）：距離老家湛江雷州525公里；住在大湧，工作地在大湧

致謝

  十三段採訪與寫作歷時兩年。從尋找受訪者起，每一步都充滿發現。深圳的女工故事每天都在發生，我們為了展現多樣性，儘量邀請了不同年代、不同出生地、性格各異的女性加入分享。除非女工的經歷本身具有無法迴避的新聞價值，我們並未刻意選擇具有豐富受訪經驗的女工作為受訪者。

  為保護受訪者的隱私，文中部分主角名稱為化名。斗斗最初就拒絕了攝影邀請，其他化名受訪者也採用了模糊人像處理。故事按照女工的出生年份排序。謝謝兩年間所有願意說出自己故事的、匿名或沒匿名的女工們。你們勇敢而真實。

  謝謝尖椒部落的全程統籌。我不在深圳居住，尖椒部落承擔了訪談前後的許多日常溝通與對接，並積極為我準備參考資料。尖椒部落營運期間，始終活躍為中國女工群體提供詳實的生活資訊服務，也有不少優質的原創文章在那裡首發。

  謝謝項目經理段慧君的陪伴，他曾經和我一起沿著深圳的邊緣把幾個工業區跑了個遍，也在尋找受訪者中貢獻良多。同時我也十分感謝尖椒部落雅清的協助。

攝影師周廈中是我認識多年的朋友。他的作品總是讓人印象深刻。在這次的採訪中,他為其中十二位女工拍攝了肖像和故事。

　　最後謝謝家人在寫作過程中的陪伴。所有的努力加運氣,令我得以始終遵從內心、忠實記錄,最終完成此書。

參考資料

《中國鄉村，社會主義國家》，2002年，社會科學文獻出版社，（美）弗里曼
　　（Edward Friedman）等著，陶鶴山譯。

《農民工融入城市社區工作手冊》，2012年，中國社會出版社，民政部基層政權
　　和社區建設司編。

《進城農民工文化人格的嬗變》，2011年，華東理工大學出版社，張樂天、徐連
　　明、陶建傑等著。

CAICT WeChat Economic and Social Impact Report，2017年。

《社會變遷中的青年問題》，2014年，北京大學出版社，風笑天等著。

《在一起：中國留守兒童報告》，2016年，南方週末編著，中信出版社。

《中國留守兒童心靈狀況白皮書》，2018年，李亦菲。

〈美國蘋果與中國工人：全球產業鏈下的工人抗爭〉，2012年，《中國工人》，
　　潘毅、鄧韻雪。

〈富士康擴張過程中的權力與資本——2012年度「兩岸三地」高校富士康調研報
　　告之一〉，2012年，《中國工人》，潘毅、李長江、鄧韻雪。

〈富士康漲薪的背後——2012年度「兩岸三地」高校富士康調研報告之二〉2012
　　年，《中國工人》，潘毅、盧暉臨。

〈從草根女工到公益領袖〉，2016年，《明報週刊》，陳伊敏。

《丁麗：我想在城市有個家》，2015年，TED Women北京。

《大中華區社會企業調研報告》，2017年，星展基金會&社會企業研究中心。

《自述：李曉娟回憶本田事件》，李曉娟，未發表。

《男工・女工：當代中國農民工的性別、家庭與遷移》，2017年，香港中文大學
　　出版社，杜平。

《晚晚6點半——七十年代上夜校的女工》，1998年，進一步多媒體有限公司，
　　蔡寶瓊統籌。

尖椒部落

此處收錄了女工權益與生活資訊平台「尖椒部落」在七年中發布的女工原創作品精選。她們藉由作品展示了各自人生路途中的思考、心境、掙扎和探索，以及在彼此的經驗中獲得的啟發、連結和印證。
尖椒部落雖已退出歷史舞台，女工的創作卻不會止步。

https://matters.news/@jjblarchive/

VR互動紀錄片
《MADE VR：在生產線的盡頭遇見她》

*暫時只有英語版

如果想更深入體驗中國女工的生活，可以免費下載VR互動紀錄片《MADE VR：在生產線的盡頭遇見她》。女工小五會帶你走進她的世界，你可以跟她聊天，並幫她在生活上做出決定。我們更會通過一連串問題，為你量身訂做個人化的體驗。

技術需求：你需要一部與智慧型手機配合使用的VR頭戴式顯示器，例如Google Cardboard或Samsung Gear。在你的手機下載App後，把手機放到頭戴式顯示器裡即可體驗。

https://madevr.com/

 本片榮獲GAME FOR CHANGE（玩出改變）的 BEST CIVIC GAME（最佳公民遊戲）提名

新·座標39　PF0319

新鋭文創
INDEPENDENT & UNIQUE

她的工廠不造夢
──十三位深圳女工的打工史

作　　者	朱曉玢
統　　籌	尖椒部落
責任編輯	鄭伊庭
圖文排版	陳彥妏
封面設計	王嵩賀

出版策劃	新鋭文創
發 行 人	宋政坤
法律顧問	毛國樑　律師
製作發行	秀威資訊科技股份有限公司
	114 台北市內湖區瑞光路76巷65號1樓
	電話：+886-2-2796-3638　傳真：+886-2-2796-1377
	服務信箱：service@showwe.com.tw
	http://www.showwe.com.tw
郵政劃撥	19563868　戶名：秀威資訊科技股份有限公司
展售門市	國家書店【松江門市】
	104 台北市中山區松江路209號1樓
	電話：+886-2-2518-0207　傳真：+886-2-2518-0778
網路訂購	秀威網路書店：https://store.showwe.tw
	國家網路書店：https://www.govbooks.com.tw

出版日期	2022年8月　BOD一版
定　　價	360元

讀者回函卡

國家圖書館出版品預行編目

她的工廠不造夢：十三位深圳女工的打工史 / 朱曉玢著. --
一版. -- 臺北市：新銳文創, 2022.08
　　面；　公分
　BOD版
　ISBN 978-626-7128-31-2(平裝)

　1.CST: 女性勞動者　2.CST: 勞動史　3.CST: 中國

556.54　　　　　　　　　　　　　　　　111010270